人民法院案例选

CHINA LAW REPORT

2018年 第12辑 总第130辑

最高人民法院中国应用法学研究所 / 编

人民法院出版社

图书在版编目（CIP）数据

人民法院案例选．总第130辑／最高人民法院中国应用法学研究所编．—北京：人民法院出版社，2019.4

ISBN 978-7-5109-2496-5

Ⅰ.①人…　Ⅱ.①最…　Ⅲ.①案例-汇编-中国　Ⅳ.①D920.5

中国版本图书馆CIP数据核字（2019）第066394号

人民法院案例选　2018年第12辑（总第130辑）

最高人民法院中国应用法学研究所　编

责任编辑　兰丽专　赵作楝　陈晓璇　**执行编辑**　吴朔桦　马　倩　杨佳瑞
出版发行　人民法院出版社
地　　址　北京市东城区东交民巷27号（100745）
电　　话　（010）67550629（责任编辑）　67550558（发行部查询）
　　　　　　65223677（读者服务部）
客服QQ　2092078039
网　　址　http://www.courtbook.com.cn
E-mail　courtpress@sohu.com
印　　刷　河北鸿祥信彩印刷有限公司
经　　销　新华书店

开　　本　787×1092毫米　1/16
字　　数　200千字
印　　张　10.5
版　　次　2019年4月第1版　2019年6月第2次印刷
书　　号　ISBN 978-7-5109-2496-5
定　　价　50.00元

《人民法院案例选》
编审委员会委员

（按姓氏笔画为序）

出版说明

《人民法院案例选》是最高人民法院最早创办的案例研究连续出版物，也是我国改革开放以后出版时间最早、延续时间最长、出版册数最多的案例研究书籍。创办二十多年来，《人民法院案例选》坚持"反映审判面貌，总结审判经验，研究审判理论，服务审判工作"的编选方针，突出"真实、全面、及时、说理"的编辑特色，从一个侧面记载了人民法院审判工作发展的轨迹，反映人民法院审判活动的面貌，展示了人民法院审判工作的成就，受到了学术界与实务界的普遍关注和喜爱，在全国法院、社会各界乃至国际上都产生了广泛的影响、取得了良好的声誉、得到了广泛的认可，成为法研所乃至最高人民法院的品牌性刊物。

随着法律界对案例分析和案例指导需求的增长，关于案例分析的书刊越来越多，竞争也越来越激烈。同时，也出现了很多问题。一是虽然平台增多，但缺乏集中性、系统性；二是虽然数量增大，但缺乏精选性、经济性；三是虽然来源多元化，但缺乏权威性，给法律工作者使用案例增加了难度。因此，《人民法院案例选》将作出符合读者期待的变化，改为月刊。

改版后的《人民法院案例选》将继续秉承"反映审判面貌、司法水平和指导审判工作并重"的编辑方针，形成"全面、及时、权威、开放"的编辑特色。考虑到最高人民法院发布、评析、编辑案例的权威性和说服力，改版后的《人民法院案例选》将全面收集最高人民法院以各种载体发布的各类典型案例，按照读者最普遍的阅读习惯重新编辑，按月集中展现在读者面前，形成“指导性案例”“公报案例”“审判指导与参考”“典型案例发布”等栏目。同时，《人民法院案例选》继续保留经典的“专题策划”“案例精析”栏目，展现各地法院的优秀案例和司法智慧。

此外，为增强互动性和可读性，《人民法院案例选》增设了“域外撷英”“过把瘾”“专家关注”等栏目。为发挥《人民法院案例选》培育思想、褒奖学术的理念，特推出“案香浮动”栏目，刊登某位法官的三至五个优秀裁判案例，挖掘其中裁判精髓，充分展现专家型法官的个人风采、人生经历、著述思想及对司法事业的热爱与贡献。

为进一步适应案例工作发展的新形势、新要求，提高案例的质量、编写与报送效率，《人民法院案例选》对案例编写报送体例做了部分修改和完善，具体要求请参阅“中国应用法学网”刊载的《〈人民法院案例选〉案例编写体例与报送规范》。

由于水平所限，本书在编辑过程中存在的不当之处，敬祈读者批评、指正。

编　者

二〇一八年一月

目录 / CONTENTS

人民法院案例选
2018 年第 12 辑 · 总第 130 辑

一、典型案例发布

二、案例精析

刑 事

民 事

商 事

知识产权

海事海商

一、典型案例发布

编者按 近年来，为及时反映全国各级人民法院审判工作的基本情况，总结经验教训，指导审判业务，最高人民法院陆续发布了一系列典型案例。我们将结合案例发布的实际情况，为广大读者整理最高人民法院新近发布的重大典型案例。本期刊载案例为2018年8月16日最高人民法院发布的第一批10起涉互联网典型案例。

重庆市阿里巴巴小额贷款有限公司诉陈壮群小额借款合同纠纷案

【基本案情】

2015 年 7 月 25 日，重庆市阿里巴巴小额贷款有限公司（以下简称阿里小贷公司）与陈壮群在线签订《网商贷贷款合同》，约定借款及相关双方权利义务。其中，合同特别约定：对于因合同争议引起的纠纷，司法机关可以通过手机短信或电子邮件等现代通讯方式送达法律文书；陈壮群指定接收法律文书的手机号码或电子邮箱为合同签约时输入支付宝密码的支付宝账户绑定的手机号码或电子邮箱；陈壮群同意司法机关采取一种或多种送达方式送达法律文书，送达时间以上述送达方式中最先送达的为准；陈壮群确认上述送达方式适用于各个司法阶段，包括但不限于一审、二审、再审、执行以及督促程序；陈壮群保证送达地址准确、有效，如果提供的地址不确切，或者不及时告知变更后的地址，使法律文书无法送达或未及时送达，自行承担由此可能产生的法律后果。合同签订后，阿里小贷公司发放贷款，但陈壮群未依约还款付息，故阿里小贷公司提起诉讼。

审理过程中，法院通过 12368 诉讼服务平台，向被告陈壮群支付宝账户绑定的手机号码发送应诉通知书、举证通知书、开庭传票等诉讼文书，平台系统显示发送成功。陈壮群无正当理由拒不到庭参加诉讼，法院依法缺席审理。

【裁判结果】

杭州铁路运输法院（现为杭州互联网法院）于 2017 年 6 月 25 日作出（2017）浙 8601 民初 943 号民事判决：陈壮群返还阿里小贷公司借款本金并支付利息、罚息、律师费等共计 587158. 25 元。一审宣判并送达后，原、被告均未提出上诉，该判决已发生法律效力。

【典型意义】

“送达难”一直是困扰审判工作的问题之一，严重影响司法效率，降低了司法公信。司法实践中，许多“送达难”问题产生的根源是受送达人躲避诉讼、拒不配合法院送达。在此种情况下，依靠诉中填写送达地址确认书，显然无法解决“送达难”问题。诉前约定送达符合双方当事人利益，应该被送达地址确认制度所吸收，丰富送达地址确认制度形式，与诉中填写送达地址确认书相互补充，成为高效解决“送达难”的有效形式。

本案中，当事人在签订合同时经合意约定了因合同纠纷成讼后，可使用电子送达方式及电子送达地址、可适用的程序范围、地址变更方式、因过错导致文书未送达的法律后果等内容，内容明确、具体，双方对送达条款均能够预见诉讼后产生的法律后果，该约定具有《送达地址确认书》的实质要件，具有相当于《送达地址确认书》的效力。诉前约定送达条款虽然与在诉中由法院引导填写、统一的印制格式等形式不尽相符，但是只要其满足了实质要件，能够在保障当事人诉权的前提下有效解决送达难题，是一种更便捷、高效的送达。因此，本案例确认，当事人在诉前相关合同中对电子送达方式、电子送达地址及法律后果作出明确、具体约定的，该约定具有相当于《送达地址确认书》的效力。人民法院在诉讼过程中可以直接适用电子送达方式向诉前约定的电子送达地址送达除判决书、裁定书、调解书以外的诉讼文书。

（**责任编辑** 杨俊芳）

徐瑞云诉敬子桥、浙江淘宝网络有限公司网络购物合同纠纷案

【基本案情】

徐瑞云在敬子桥经营的淘宝网络交易平台网店中购买了俄罗斯进口奶粉。根据《进出口食品安全管理办法》的规定，对向我国境内出口食品的境外食品生产企业实施注册制度。经查询我国国家认证认可监督管理委员会发布的《进口食品境外生产企业注册专栏》，在“进口乳品境外生产企业注册名单”中未查见“俄罗斯”，敬子桥也无法提供进口食品应具备的全部检验检疫等资料。徐瑞云认为敬子桥销售的前述食品系未经检验检疫的食品，同时，浙江淘宝网络有限公司（以下简称淘宝公司）作为网络服务提供者未对进入其平台销售的商品进行审核，对交易服务平台的监管存在过错，故诉至法院，请求：（1）判令被告敬子桥向原告退还货款5043.50元；（2）判令被告敬子桥向原告赔偿50435元；（3）判令被告淘宝公司对被告敬子桥的上述赔偿承担连带责任。

【裁判结果】

上海铁路运输法院于2017年9月11日作出（2017）沪7101民初318号民事判决，判令被告敬子桥退还原告徐瑞云货款5043.50元及赔偿50435元等。一审判决后，双方当事人均未上诉，本案判决现已生效。

【典型意义】

食品安全关涉人民群众的生命与健康，对于社会稳定、经济发展具有重大

影响。近些年，食品安全领域由于重大食品安全事故频发，严重危害公众健康，对构建和谐社会造成威胁，使我国面临着极为严峻的食品安全问题。随着贸易全球化和我国经济社会的发展，进口食品已经成为我国消费者重要的食品来源，尤其是通过网络销售，大量种类繁多的进口食品送到了消费者手中。进口食品安全问题，同样不能忽视，必须符合我国食品安全国家标准，经营者违反国家食品安全规定销售进口食品的，应当承担相应的法律责任。本案例即明确，进口食品应当符合我国食品安全国家标准，经国家出入境检验检疫机构依照进出口商品检验相关法律、行政法规的规定检验合格，按照国家出入境检验检疫部门的要求随附合格证明材料。被告敬子桥作为经营者必须要保证食品来源的安全。本案中，被告敬子桥通过网络销售的俄罗斯进口奶粉不是我国目前准入的食品，且被告敬子桥也无法提供进口货物的相关报关单据、入境货物检验检疫证明、产品检验检疫卫生证书、海关发放的通关证明等进口食品所应具备的资料，故认定涉案奶粉属于不符合食品安全标准的食品。因被告敬子桥销售明知是不符合食品安全标准的食品，原告要求退还货款并支付价款十倍的赔偿金，于法有据，法院予以支持。被告淘宝公司对被告敬子桥的主体信息、经营资质进行了审核，并在原告徐瑞云维权时提供了销售者的真实名称、地址和有效联系方式，涉案商品也已及时下架处理，其已经履行了注意义务，不应承担连带赔偿责任。

（**责任编辑** 杨俊芳）

浙江淘宝网络有限公司诉许文强等网络服务合同纠纷案

【基本案情】

2009年，许文强在淘宝网注册，开设网店销售酒类产品，其在注册时与浙江淘宝网络有限公司（以下简称淘宝公司）签署了《淘宝平台服务协议》，约定：不得在淘宝平台上销售/提供侵犯他人知识产权或其他合法权益的商品/服务。然而在2014年11月至2015年9月间，许文强在淘宝平台上销售五粮液假酒，之后被四川省宜宾五粮液集团有限公司（以下简称五粮液公司）以商标权受到侵害为由提起诉讼，法院判决其赔偿五粮液公司经济损失及合理开支7万元。同时，淘宝公司认为许文强及其作为股东设立的一人有限公司上海舜鸣贸易有限公司（以下简称舜鸣公司）违反了服务协议。

淘宝公司诉称：许文强网店售假行为违反服务协议约定，给淘宝网声誉造成巨大负面影响，淘宝公司为打击售假行为，投入大量人力物力，产生相应损失，要求许文强及其公司赔偿损失及律师费等共计12万余元。

许文强和舜鸣公司辩称：许文强已承担相关赔偿责任，未侵犯淘宝公司的经济利益和商誉。出售假冒五粮液的行为已经受到了淘宝公司的相应处罚，不应再被起诉要求赔偿。舜鸣公司不应对其参与经营之前的销售行为承担责任。

【裁判结果】

上海市松江区人民法院于2017年9月21日作出（2017）沪0117民初7706号民事判决：一、许文强于判决生效之日起10日内赔偿淘宝公司损失2000元；二、许文强于判决生效之日起10日内赔偿淘宝公司合理支出13000元；三、驳回淘宝公司其余诉讼请求。宣判后，淘宝公司和许文强提出上诉。上海市第一中级人民法院于2018年1月16日作出（2017）沪01民终13085号民事判决：维持上海市松江区人民法院（2017）沪0117民初7706号民事判决第三项；二、变更上海市松江区人民法院（2017）沪0117民初7706号民事判决第一项为上诉人许文强于本判决生效之日起10日内赔偿上诉人淘宝公司损失2万元；三、变更上海市松江区人民法院（2017）沪0117民初7706号民事判决第二项为上诉人许文强于本判决生效之日起10日内赔偿上诉人淘宝公司合理支出23000元。

【典型意义】

随着“互联网+”的兴起，电商产业飞速发展，但同时也出现了诸多亟待解决的问题，尤以普遍存在的造假售假问题最为严重。囿于网络行为的隐蔽性、举证的艰难性、技术的复杂性，电商平台自身采取的净化措施就十分重要。

本案认定淘宝公司与许文强之间存在有效的协议，许文强的售假行为违反了协议约定。本案所涉服务协议均约定，用户不得在淘宝平台上销售或发布侵犯他人知识产权或其他合法权益的商品或服务信息。许文强作为淘宝用户，应恪守约定，履行自身义务。已有生效判决认定，许文强通过开设的“强升名酒坊”店铺，销售假冒的五粮液，侵害五粮液公司对“五粮液”注册商标享有的使用权。由此可见，许文强的售假行为已经违反了与淘宝公司之间的约定。许文强在淘宝网上出售假冒五粮液的行为不仅损害了与商品相关权利人的合法权益，而且降低了消费者对淘宝网的信赖和社会公众对淘宝网的良好评价。许文强在使用淘宝平台服务时，应当预见售假行为对商品权利人、消费者以及淘宝公司可能产生的损害。商誉是经营者本身以及经营者提供商品或服务过程中形成的一种积极社会评价。商誉可以体现在商品、商标、企业名称上，能够在生产经营中变现为实际的商业利润，具有显著的财产属性。因此，淘宝公司要求赔偿商誉等损失的主张具有相应的依据。电商平台经营者和平台内签约经营者均有依法规范经营的义务，许文强在淘宝网上销售假冒的五粮液，不仅应当承担对消费者的赔偿义务，也应当依约承担对电商平台的违约责任，电商平台经营者也有权依法追究平台售假商家的违约责任。从另外一个角度看，打假和净化网络购物环境也是第三方交易平台经营者的责任，符合其长远经营利益，有利于维护消费者合法权益，维护公平竞争的市场秩序。

（责任编辑　杨俊芳）

王兵诉汪帆、周洁、上海舞泡网络科技有限公司网络店铺转让合同纠纷案

【基本案情】

2014 年 4 月 9 日，受让方王兵与出让方周洁、居间方上海舞泡网络科技有限公司（以下简称舞泡公司）签订《网络店铺转让合同》，约定周洁将支付宝认证名称为汪帆的“至诚开拓”淘宝店转让给王兵等内容。王兵通过舞泡公司支付转让费 2 万元；舞泡公司扣除 2000 元佣金后实际转交周洁 18000 元。“至诚开拓”淘宝店的账户名为 2912361468@ qq. com，经实名认证的经营者为汪帆，周洁为代管人。2015 年 12 月 3 日，汪帆找回了系争店铺的密码，系争店铺处于汪帆控制之下。2016 年 7 月，王兵诉至法院，请求判令汪帆、周洁支付违约金 6000 元；退回保证金 11830 元；双倍退还已收的转让费用 4 万元；支付赔偿金 10 万元；共同承担本案诉讼费。

二审审理中，周洁、舞泡公司均认可舞泡公司从王兵交付的 2 万元中扣除了 2000 元，系周洁应向舞泡公司支付的佣金。同时，汪帆表示其因自身经营的需要，欲从周洁处取回系争网络店铺，但是周洁不愿交还，故汪帆自己找回了系争网络店铺。

【裁判结果】

上海市闵行区人民法院于 2017 年 4 月 28 日作出（2016）沪 0112 民初 20679 号民事判决：一、周洁于判决生效之日起 10 日内支付王兵 2 万元；二、周洁、汪帆于判决生效之日起 10 日内支付王兵 3970 元；三、驳回王兵的其余诉讼请求。宣判后，王兵、汪帆、周洁向上海市第一中级人民法院提出上诉。上海市第一中级人民法院于 2017 年 9 月 15 日作出（2017）沪 01 民终

8862 号二审判决：驳回上诉，维持原判。

【典型意义】

网络店铺的私自转让现实中大量存在，因此，产生的纠纷亦有不断进入诉讼的趋势。该案涉及网络店铺转让究竟系转让什么、转让的法律效力如何等问题，理论界和实务界并无相对统一之见解。本案例明确了涉网络店铺转让纠纷相应的裁判规则，具有一定的典型性和指导价值。

本案中，汪帆系通过与淘宝平台签订服务协议并经实名认证，取得系争网络店铺之经营权。服务协议内容经双方认可，且不存在违反法律行政法规强制性规定、损害社会公共利益等情形，故汪帆与淘宝平台间形成合法有效的合同关系。现周洁在汪帆认可之情况下，与王兵、舞洵公司签署网络店铺转让合同，实际上系将汪帆与淘宝平台间合同关系项下的权利义务一并转让给王兵。根据《合同法》第八十八条、第八十九条之规定，当事人一方将自己在合同中的权利和义务一并转让给第三方的，须经对方当事人的同意。现周洁虽有汪帆之认可但未征得淘宝平台同意，私自转让系争网络店铺，该转让行为不发生法律效力。故王兵以合同约定内容为据，要求周洁等支付违约金、双倍返还转让费之主张，缺乏依据。而根据《合同法》第四十二条规定，当事人在订立合同过程中有违背诚实信用原则的行为，给对方造成损失的，应当承担损害赔偿责任。周洁在汪帆认可情况下，将系争店铺让与王兵，现转让行为未生效，且店铺已被汪帆找回并实际控制，周洁理应就王兵因此而产生之损失承担赔偿责任。

该案通过对网络店铺店主与网络平台经营方之间法律关系的厘清，对实际普遍存在的网络店铺私自转让行为，从法律上作出了妥当评价，有利于网络平台经营方更好地实施管理、提供服务、控制网络交易风险，促进电子商务的进一步健康、有序发展。

（责任编辑　杨俊芳）

庞理鹏诉中国东方航空股份有限公司、北京趣拿信息技术有限公司隐私权纠纷案

【基本案情】

2014 年 10 月 11 日，庞理鹏委托鲁超通过北京趣拿信息技术有限公司（以下简称趣拿公司）下辖网站去哪儿网平台（www. qunar. com）订购了中国东方航空股份有限公司（以下简称东航）机票 1 张，所选机票代理商为长沙星旅票务代理公司（以下简称星旅公司）。去哪儿网订单详情页面显示该订单登记的乘机人信息为庞理鹏姓名及身份证号，联系人信息、报销信息均为鲁超及其尾号××58 的手机号。2014 年 10 月 13 日，庞理鹏尾号××49 手机号收到来源不明号码发来短信称由于机械故障，其所预订航班已经取消。该号码来源不明，且未向鲁超发送类似短信。鲁超拨打东航客服电话进行核实，客服人员确认该次航班正常，并提示庞理鹏收到的短信应属诈骗短信。2014 年 10 月 14 日，东航客服电话向庞理鹏手机号码发送通知短信，告知该航班时刻调整。当晚 19 时 43 分，鲁超再次拨打东航客服电话确认航班时刻，被告知该航班已取消。庭审中，鲁超证明其代庞理鹏购买本案机票并沟通后续事宜，认可购买本案机票时未留存庞理鹏手机号。东航称庞理鹏可能为东航常旅客，故东航掌握庞理鹏此前留存的号码。庞理鹏诉至法院，主张趣拿公司和东航泄露的隐私信息包括其姓名、尾号××49 手机号及行程安排（包括起落时间、地点、航班信息），要求趣拿公司和东航承担连带责任。

【裁判结果】

北京市海淀区人民法院于 2016 年 1 月 20 日作出（2015）海民初字第

10634号民事判决：驳回庞理鹏的全部诉讼请求。庞理鹏向北京市第一中级人民法院提出上诉。北京市第一中级人民法院于2017年3月27日作出（2017）京01民终509号民事判决：一、撤销北京市海淀区人民法院（2015）海民初字第10634号民事判决；二、趣拿公司于本判决生效后10日内在其官方网站首页以公告形式向庞理鹏赔礼道歉，赔礼道歉公告的持续时间为连续三天；三、中国东方航空股份有限公司于本判决生效后10日内在其官方网站首页以公告形式向庞理鹏赔礼道歉，赔礼道歉公告的持续时间为连续三天；四、驳回庞理鹏的其他诉讼请求。

【典型意义】

随着科技的飞速发展和信息的快速传播，现实生活中出现大量关于个人信息保护的问题，个人信息的不当扩散与不当利用已经逐渐发展成为危害公民民事权利的一个社会性问题。本案是由网络购票引发的涉及航空公司、网络购票平台侵犯公民隐私权的纠纷，各方当事人立场鲜明，涉及的焦点问题具有代表性和典型性。公民的姓名、电话号码及行程安排等事项属于个人信息。在大数据时代，信息的收集和匹配成本越来越低，原来单个的、孤立的、可以公示的个人信息一旦被收集、提取和综合，就完全可以与特定的个人相匹配，从而形成某一特定个人详细准确的整体信息。此时，这些全方位、系统性的整体信息，就不再是单个的可以任意公示的个人信息，这些整体信息一旦被泄露扩散，任何人都将没有自己的私人空间，个人的隐私将遭受威胁。因此，基于合理事由掌握上述整体信息的组织或个人应积极地、谨慎地采取有效措施防止信息泄露。任何人未经权利人的允许，都不得扩散和不当利用能够指向特定个人的整体信息，而整体信息也因包含了隐私而整体上成为隐私信息，可以通过隐私权纠纷而寻求救济。

本案中，庞理鹏被泄露的信息包括姓名、尾号××49手机号、行程安排等，其行程安排无疑属于私人活动信息，应该属于隐私信息，可以通过本案的隐私权纠纷主张救济。从收集证据的资金、技术等成本上看，作为普通人的庞理鹏根本不具备对东航、趣拿公司内部数据信息管理是否存在漏洞等情况进行举证证明的能力。因此，客观上，法律不能也不应要求庞理鹏证明必定是东航或趣拿公司泄露了其隐私信息。东航和趣拿公司均未证明涉案信息泄露归因于他人，或黑客攻击，抑或是庞理鹏本人。法院在排除其他泄露隐私信息可能性的前提下，结合本案证据认定上述两公司存在过错。东航和趣拿公司作为各自行业的知名企业，一方面因其经营性质掌握了大量的个人信息，另一方面亦有相应的能力保护好消费者的个人信息免受泄露，这既是其社会责任，也是其应尽的法律义务。本案泄露事件的发生，是由于航空公司、网络购票平台疏于防范导致的结果，因而可以认定其具有过错，应承担侵权责任。综上所述，本案的审理对个人信息保护以及隐私权侵权的认定进行了充分论证，兼顾了隐私权保护及信息传播的平衡。

（**责任编辑**　杨俊芳）

谢鑫诉深圳市懒人在线科技有限公司、杭州创策科技有限公司等侵害作品信息网络传播权纠纷案

【基本案情】

谢鑫享有《72变小女生》文字作品著作权。后发现深圳市懒人在线科技有限公司（以下简称懒人公司）在其经营的“懒人听书”网，通过信息网络向公众提供涉案作品的有声读物。谢鑫从懒人公司提交的文件中发现懒人公司是经过杭州创策科技有限公司（以下简称创策公司）、杭州思变科技有限公司（以下简称思变公司）、北京朝花夕拾文化发展有限公司（以下简称朝花夕拾公司）的层层授权后提供听书服务的。谢鑫以四公司为共同被告提起诉讼，要求停止侵权，连带赔偿损失。

法院经审理查明：谢鑫曾于2013年将涉案作品的“信息网络传播权及其转授权，以及制作、复制和销售电子出版物的权利”授权创策公司。2014年，创策公司向思变公司出具授权书，明确写明授权思变公司将涉案作品制成有声读物，并自行或再许可他方行使音频格式作品的信息网络传播权。2015年，思变公司授权朝花夕拾公司将涉案作品的信息网络传播权转授权给懒人公司在其“懒人听书”平台上使用。同年，懒人公司与朝花夕拾公司签订合同，约定朝花夕拾公司将涉案作品有声读物许可懒人公司在其平台上使用。

案件审理过程中，谢鑫确认被控侵权行为已经停止。思变公司确认涉案有声读物系由其制作，在制作过程中未改变原作文字内容。思变公司与朝花夕拾公司均确认在向下游授权时对上游授权文件的审查系通过审查扫描件的形式进

行。创策公司主张其从谢鑫处所取得“改编权”授权包含将涉案作品制作成音频制品的权利。

【裁判结果】

杭州铁路运输法院（现为杭州互联网法院）于2017年6月19日作出（2016）浙8601民初354号判决，认定侵权成立，判令懒人公司、创策公司、思变公司、朝花夕拾公司共同赔偿谢鑫经济损失及为制止侵权行为所支付的合理开支共计人民币6100元。谢鑫不服提起上诉，浙江省杭州市中级人民法院经审理后于2017年9月25日作出（2017）浙01民终5386号民事判决：驳回上诉，维持原判。

【典型意义】

“听书”“有声读物”是近年新兴的一种文化消费方式，产业价值巨大。但制作、在线提供有声读物在著作权法上如何定性，经营者应当取得著作权人怎样授权，未经许可制作有声读物所侵害的是作者的复制权还是改编权等等问题，法律条文上无直接规定，理论界和实务界也有不同认识。这种局面可能使得业界法律界限不清，无所适从，不利于行业合法有序的经营发展。

本案争议焦点有三：其一，作品均以形成外在的独创性表达为其前提要件，对作品的改编应以改变作品之表达，且该改变具有独创性为前提。对于文字作品而言，文字表述是其作品的表达所在，改编文字作品应以文字内容发生改变为前提。将文字作品制成有声读物需要经过三个步骤：朗读、录音、后期制作。三个步骤均只改变了作品的形式或载体，无一改变了文字作品的表达或内容，因而不涉及对文字作品的改编，有声读物只是以录音制品存在的复制件。其二，根据著作权法保护著作权人权益的本意，凡未经著作权人明确授予的权利仍应保留在著作权人手中。授权作为一种合同行为，以双方当事人达成合意为前提。一项行为是否在著作权人授权范围之内，需要探明著作权人授权时的真实意思表示。本案中结合合同上下文及签约时的时间环境，不应认定在线提供有声读物属谢鑫授权范围之内。其三，上游“授权方”缺乏有效权利而向下授权他人实施受专有权利控制的行为，自身对此存在过错且行为实际发生的，所有上游授权方均构成侵权，与直接侵权人承担连带责任。

在当前立法和司法有关有声读物具体规则存在空白，而行业发展又亟需明确规则的背景下，本案裁判为行业主体提供了清晰的指引，对于充分发挥司法助推文化产业健康发展具有积极作用。

（**责任编辑** 杨俊芳）

尚客圈（北京）文化传播有限公司诉为你读诗（北京）科技有限公司、首善（北京）文化产业有限公司擅自使用知名服务特有名称纠纷案

【基本案情】

2013年6月，尚客圈（北京）文化传播有限公司（以下简称尚客圈公司）联合北京青年报社等发起“为你读诗”公益诗歌艺术活动；同时尚客圈公司创建微信公众号“为你读诗”，每天以配乐加朗读的形式推送一期读诗作品，同时，以视频的形式展现所朗诵内容的字幕。另外，每期读诗作品中还配有图文，包括对诗歌及作者、朗诵者的介绍，所诵读诗歌的文字内容等。截至2014年9月16日，尚客圈公司共发布473期节目，诗歌朗读者含各行业精英与明星。因参与诗歌朗诵者的名人效应，自2013年7月至2014年9月，新华网、网易读书频道、光明网、北京青年报、人民日报海外版、新浪网、中国新闻网等媒体对参与朗诵诗歌者的朗诵活动以及微信公众号“为你读诗”进行了报道。截至本案起诉，微信公众号“为你读诗”的关注者数量显示已达136万余人，热门作品显示日均阅读和点播量超10万次。微信公众号“为你读诗”中作品在腾讯视频栏目下显示累积播放量超过1亿次。2014年9月16日，首善（北京）音乐创意有限公司在苹果应用商店推出为你读诗APP，其于2015年6月23日更名为为你读诗（北京）科技有限公司（以下简称为你读诗公司）。2015年1月1日，首善（北京）文化产业有限公司（以下简称首善文化公司）创建名为“为你读诗官方客户端”的微信公众号。为你读诗APP的功能包括诗歌朗诵录制、配音、上传分享及收听他人的诗歌朗诵作品。“为你读诗官方客户端”的微信公众号主要用于发布相关信息。尚客圈公司诉

至法院，请求法院判令：为你读诗公司立即撤销在苹果应用商店、安卓市场中发布的为你读诗 APP 或停止在该 APP 上使用“为你读诗”的名称、变更公司名称、不得在公司名称中使用“为你读诗”作为字号，变更为你读诗 APP 软件的著作权登记名称、不得在软件著作权登记中将其软件名称登记为“为你读诗”；判令被告首善文化公司立即撤销微信公众号“为你读诗官方客户端”或停止在该公众号中使用“为你读诗”的名称、注销“为你读诗官方客户端”的新浪微博账号或停止在该新浪微博账号中使用“为你读诗”的名称；判令二被告立即停止擅自使用“为你读诗”名称的不正当竞争行为、赔偿经济损失。

【裁判结果】

北京市朝阳区人民法院作出（2015）朝民（知）初字第 46540 号民事判决：一、被告为你读诗公司立即停止在其涉案手机软件名称上使用“为你读诗”字样；二、被告为你读诗公司立即停止在其企业名称中使用“为你读诗”字样；三、被告首善文化公司立即停止在其涉案微信公众号名称中使用“为你读诗”字样；四、被告为你读诗公司、首善文化公司于本判决生效之日起 7 日内连带赔偿原告尚客圈公司损失人民币 20 万元整；五、驳回原告尚客圈公司其他诉讼请求。一审宣判后，为你读诗公司和首善文化公司提出上诉。北京知识产权法院作出（2016）京 73 民终 75 号民事判决：驳回上诉，维持原判。

【典型意义】

本案的焦点问题涉及知名微信公众号名称的反不正当竞争保护。由于移动互联网络具有受众范围广、传播速度快等特点，故其产业经营特点、竞争方式有别于传统产业。对于涉互联网不正当竞争纠纷案件的处理，既要准确理解、适用法律，也要充分了解特定产业的特点。对于互联网环境下的竞争纠纷，要结合网络本身所具有的特点，充分考量互联网软件产品或服务的模式创新以及市场主体的劳动付出，通过司法裁判，促进和规范市场竞争秩序。

法院生效判决认为：首先，为你读诗公司、首善文化公司与尚客圈公司具有竞争关系。为你读诗公司、首善文化公司与尚客圈公司提供的服务都是以移动客户端如手机为载体，服务对象都是移动平台用户，服务内容都是与诗歌有关的主题，故为你读诗公司和首善文化公司与尚客圈公司提供的是类似的服务，构成竞争关系，应受《反不正当竞争法》的调整。其次，尚客圈公司的微信公众号“为你读诗”构成知名服务特有的名称。根据查明的事实可以认定在被控侵权行为发生时，尚客圈公司的“为你读诗”微信公众号服务在我国已具有一定的市场知名度，属于相关公众所知悉的服务。最后，为你读诗公司和首善文化公司的被诉行为构成不正当竞争。根据相关法律规定，所述混淆或误认是指发生混淆或者误认的可能性，而不需要实际发生混淆或误认，且不以实际发生损害后果为前提。为你读诗 APP 和“为你读诗”微信公众号的名称完全相同，二者均是以移动客户端如手机为载体，且“为你读诗”微信公众号提供的核心服务为朗诵诗歌供订阅者收听，可完全被为你读诗 APP 提供的服务所涵盖，上述情形使得相关公众在接受为你读诗 APP、“为你读诗官方客户端”微信公众号的服务时，容易认为该服务系由尚客圈公司提供，从而产生混淆或误认。

（责任编辑　杨俊芳）

南京尚居装饰工程有限公司诉南京飞日强装饰工程有限公司著作权侵权、虚假宣传纠纷案

【基本案情】

原告南京尚居装饰工程有限公司（以下简称尚居公司）诉称：尚居公司成立于2005年，历经12年的发展，已成为在南京及周边地区具有较高专业化、规模化、品牌化和产业化的装饰企业。2017年，尚居公司发现同为装饰企业的南京飞日强装饰工程有限公司（以下简称飞日强公司）经营的网站从色彩、文字、图片、编排体例等方面抄袭了尚居公司网站的主要内容。此外，飞日强公司还将尚居公司的荣誉作为自己的荣誉广而告之，属于虚假宣传。故尚居公司请求法院判令飞日强公司立即删除侵犯尚居公司著作权及构成不正当竞争的网页内容并赔偿经济损失。

被告飞日强公司辩称：原告涉案网站的独创性不高，不足以构成著作权法意义上的作品，请求法院驳回原告诉请。

法院经审理查明：被告网站多处编排设计与原告网站存在相同或相似。首先，被告网站首页的页面布局，其公司LOGO显示位置和联系电话与原告基本一致，网页中部亦在相同位置使用与原告相同的图片及宣传文字，图片及文字在页面中排列方式与原告内容完全相同。主页部分的主题设置，其基本模块及下拉菜单内容与原告网站基本一致，仅将“品牌动态”变更为“最新活动”，主页背景图使用位置及文字描述与原告构成相同。其次，通过点击各主题进行浏览，被告网页呈现内容的方式及相应内容的编排位置均与原告网站相应版块构成相同或近似，部分网页内容包括文字、图片使用方式及排列位置、次序与原告完全一致。最后，被告在资质荣誉部分使用的“2013年中国家居网络总

评网年度人物”“365 家居宝十佳网络客服”“2009 长三角风尚设计装饰企业”等荣誉照片与原告亦完全相同。

【裁判结果】

南京铁路运输法院于 2017 年 9 月 18 日作出（2017）苏 8602 民初 564 号民事判决：被告飞日强公司立即删除其网站侵害原告尚居公司著作权及构成虚假宣传的网页内容；被告赔偿原告经济损失（含合理费用）共计人民币 22 万元。

【典型意义】

随着“互联网 +”模式的普及发展，越来越多的企业意识到依托电子平台或互联网宣传吸引优质资源和消费群体的重要性，而网站如同企业的电子名片，是企业向消费者传递服务信息及品质的高效途径，消费者可以足不出户地通过浏览网站来了解企业的业务特色、服务理念及信誉信息等。随之而来的是，企业网站被竞争对手“抄袭”现象也层出不穷。网站抄袭行为会使权利人通过网站布局、文案所呈现的独特视觉感受淡化，误导消费者，损害网站运营企业的经济利益。但如何对网站进行法律保护，网站是否构成著作权法意义上的作品，法律并无明确规定，这给司法实践造成了一定困扰。本案裁判认为，网站通过撰写源代码将文字、图片、声音等组合成多媒体并通过计算机输出设备进行展示，当网站版面的素材选取、表现形式及内容编排等达到一定独创性要求，网站整体可作为汇编作品进行保护。网站设计者通过创作构思将多种元素信息进行整合与排列，以营造丰富的视觉体验，网站版面设计过程本身亦是一种劳动创造，其特异性体现在对多媒体信息的选择与编排。精心挑选的内容、素材经过编排整合形成的网站版面表现形式符合汇编作品的概念与特征。著作权是为了保护在文学、艺术、科学领域作出了创造性劳动的人的利益，当网站设计达到一定独创性要求，应当依《著作权法》对权利人的合法权益进行保护。被告公司网站与原告网站高度近似的部分属于原告独创性的对内容的选择、整理与编排部分，故被告网站侵犯了原告著作权。

另外，经营者在市场交易中，应遵循自愿、平等、公平、诚实信用的原则，遵守公认的商业道德。经营者不得利用广告或者其他方法，对商品与服务质量、制作成分、性能、提供者等作引人误解的虚假宣传。网站页面能够起到一定区分和识别市场主体的作用，被告在其网站上擅自使用与原告相同的宣传用语、专属荣誉等，显然与实际情况不符。本案原、被告均属装饰企业，业务范围高度近似、注册地均在江苏省南京市，潜在顾客群存在交叉，两者存在竞争关系。被告上述行为实质破坏了正常的市场经营秩序，使得消费者对被告企业真实经营规模、信誉产生误解，本质上构成虚假宣传、不正当竞争，侵害了原告正常的商业利益。

（**责任编辑**　杨俊芳）

中国平安财产保险股份有限公司广东分公司诉吴春田、北京亿心宜行汽车技术开发服务有限公司保险人代位求偿权纠纷案

【基本案情】

中国平安财产保险股份有限公司广东分公司（以下简称平安保险公司）承保王司政名下车辆。保险期间内，王司政因饮酒不能驾驶，遂通过“e代驾”网络平台向北京亿心宜行汽车技术开发服务有限公司（以下简称亿心公司）请求有偿代驾服务，亿心公司接受后指派了吴春田提供代驾服务。王司政签署了由吴春田提供的《委托代驾服务协议》，王司政在委托方署名，吴春田、亿心公司在被委托方签名和签章。吴春田提供代驾服务时发生交通事故，据交警部门作出的事故认定书，吴春田负事故全部责任。此次交通事故，经平安保险公司定损并向王司政赔付了保险金159194元。王司政承诺将已获赔部分的追偿权转给平安保险公司。平安保险公司遂将吴春田、亿心公司起诉至法院，要求连带赔偿平安保险公司经济损失159194元。

【裁判结果】

广州市荔湾区人民法院作出（2016）粤0103民初5327号民事判决：一、亿心公司、吴春田共同于判决发生法律效力之日起10日内向平安保险公司支付赔偿款124834元。二、驳回平安保险公司的其他诉讼请求。广州市中级人民法院于2017年10月11日作出（2017）粤01民终13837号民事判决：一、撤销广州市荔湾区人民法院（2016）粤0103民初5327号民事判决第二项；二、变更广州市荔湾区人民法院（2016）粤0103民初5327号民事判决第

一项为：亿心公司于判决发生法律效力之日起10日内向平安保险公司支付赔偿款124834元；三、驳回平安保险公司的其他诉讼请求。

【典型意义】

随着网络时代的兴起，通过网约代驾平台请求有偿代驾服务越来越常见，而在代驾服务期间发生事故进而引发纠纷的情形也时有发生。提供有偿网约代驾服务的主体并不具有车损险被保险人地位，代驾过程中发生事故造成车损，代驾司机负有责任的，保险人向被保险人赔偿后，有权在赔偿金额范围内行使代位求偿权。本案的处理对厘清车主、网约代驾平台及保险人的责任，维护广大车主的切身利益和规范网络代驾行业的健康发展都具有积极的意义。不同于日常生活中亲朋借车或友情代驾行为，本案中代驾人系有偿提供代驾服务，并非为被保险人利益所为，对保险标的车辆也不存在占有利益，因此，代驾人不能成为涉案保险合同的被保险人。代驾人作为第三人在提供有偿服务的过程中造成投保车辆受损并负全责，对被保险人的财产构成侵权，被保险人有权请求赔偿，保险公司亦可代位行使求偿权。

（**责任编辑** 杨俊芳）

深圳市玩家文化传播有限公司申请强制执行案

【基本案情】

申请执行人深圳市玩家文化传播有限公司与广州畅悦网络科技有限公司系列案，广州市越秀区人民法院（以下简称执行法院）依据已经发生法律效力的民事判决，向被执行人广州畅悦网络科技有限公司发出执行通知书，责令被执行人履行上述法律文书确定的义务，被执行人未履行义务。执行法院除查明并扣划被执行人名下的少量银行存款外，未发现有其他可供执行的财产，同时该公司法定代表人亦下落不明。执行法院向申请执行人告知上述案件执行情况后，申请执行人向法院提出被执行人有三个网站均在正常运营，其中一个网页中有广告投放公告，每天广告费为2万元到32万元不等。执行法院依法作出执行裁定书及协助执行通知书，对该网络域名进行查封，查封期限为两年。相关域名被禁止登录后，法官接到被执行人主动来电，询问履行义务途径，随后将全额款项打入法院账户。

【裁判结果】

广东省广州市越秀区人民法院（2017）粤0104执6507－6526号执行系列案全部执行完毕。

【典型意义】

当前，互联网经济高度活跃，在日益频发的互联网纠纷中，案件执行往往具有难度大、范围广、实体财产难以掌握的特点，需要创新高效、快捷的执行手段。本案中，法院经核实发现，被执行人所拥有的网页中有广告投放公告，广告费用较高，且在该网页内确有广告投放。该网络域名已在国家管理部门注册登记，权利人具有专有使用权。同时，法院对本案的执行已穷尽查询银行财产、房管、车管、工商登记、搜查等传统执行措施，但仍无可供执行财产。法院可依法将网络域名作为补充方式采取强制措施，向有关单位发出协助执行通知书进行查封，以使被执行人主动履行法定义务。

（**责任编辑** 杨俊芳）

二、案例精析

编者按　各级人民法院坚持“反映审判全貌，总结审判经验，服务审判工作”的编辑方针，突出“真实、全面、及时、说理”的编辑特色，报送了一批具有典型性、新类型、重大疑难复杂案例，对指导审判业务、宣传国家法制、预防和化解社会矛盾纠纷，促进法学教育与理论研究作出了积极努力。《人民法院案例选》将继续坚持这一优良传统，并通过中国应用法学研究所责任编辑撰写编后补评等方式，对判决和评析中虽未提及但比较重要的或评析不充分的问题，进行补充评析，以期达到总结经验教训、指导审判业务、促进理论研究的目的。

刑　事

钱建清、钱赛亚挪用公款案

——以公款帮助他人完成银行揽储任务的行为认定

关键词：刑事　挪用公款罪　营利活动　银行揽储

【裁判要旨】

为帮助他人完成揽储任务而将公款以个人名义存入银行，但个人并未获取利益的行为，不应认定为挪用公款进行营利活动；对于数额较大超过三个月未还的，应认定为挪用公款归个人使用。

【相关法条】

《中华人民共和国刑法》第三百八十四条第一款　国家工作人员利用职务上的便利，挪用公款归个人使用，进行非法活动的，或者挪用公款数额较大、进行营利活动的，或者挪用公款数额较大、超过三个月未还的，是挪用公款罪，处五年以下有期徒刑或者拘役；情节严重的，处五年以上有期徒刑。挪用公款数额巨大不退还的，处十年以上有期徒刑或者无期徒刑。

《最高人民法院、最高人民检察院关于办理贪污贿赂刑事案件适用法律若干问题的解释》第六条　挪用公款归个人使用，进行营利活动或者超过三个月未还，数额在五万元以上的，应当认定为刑法第三百八十四条第一款规定的"数额较大"；数额在五百万元以上的，应当认定为刑法第三百八十四条第一款规定的"数额巨大"。具有下列情形之一的，应当认定为刑法第三百八十四条第一款规定的"情节严重"：

（一）挪用公款数额在二百万元以上的；

（二）挪用救灾、抢险、防汛、优抚、扶贫、移民、救济特定款物，数额在一百万元以上不满二百万元的；

（三）挪用公款不退还，数额在一百万元以上不满二百万元的；

（四）其他严重的情节。

【案件索引】

一审：江苏省江阴市人民法院（2017）苏0281刑初757号（2017年12月14日）

二审：江苏省无锡市中级人民法院（2018）苏02刑终55号（2018年2月6日）

【基本案情】

法院经审理查明：江阴市月城供销合作社原系江阴市供销合作总社于1950年7月成立的全民所有制企业。1989年，供销社企业性质由全民所有制变为集体所有制，同时扩股吸纳社员股金。1998年，江阴市月城供销合作社进行企业改制并清退社员股金，清退后剩余资产均为国有资产。2000年，江阴市月城供销合作社划归江阴市月城镇人民政府管理，现江阴市月城供销合作社的工商登记性质为集体所有制企业，主管部门为江阴市月城镇人民政府，具体由国有事业单位江阴市月城镇农村经济服务中心负责管理。被告人钱建清2006年3月被任命为江阴市月城供销合作社主任、党支部书记，2016年9月被免去江阴市月城供销合作社党支部书记职务，同年10月被免去江阴市月城供销合作社主任职务，被告人钱赛亚在此期间担任江阴市月城供销合作社出纳会计职务。

2013年1月、2015年10月，被告人钱建清、钱赛亚分别利用担任江阴市月城供销合作社主任、出纳会计职务上的便利，共同分两次挪用江阴市月城供销合作社公款共计138万元归个人使用，超过三个月未还。具体犯罪事实分述如下：

1. 2013年1月29日，被告人钱建清为帮助其子钱某1（在中国农业银行江阴青阳支行工作）完成银行揽储任务，指使被告人钱赛亚将江阴市月城供销合作社公款100万元存入被告人钱建清个人中国农业银行账户，后又应银行工作人员要求将该款以个人存单形式继续存放于银行。2014 年 10 月，被告人钱赛亚为帮助朋友钱某 2（时任中国邮政储蓄银行江阴市月城支行行长）完成银行揽储任务，向被告人钱建清提出将上述款项转存至中国邮政储蓄银行江阴市月城支行，被告人钱建清表示同意，被告人钱赛亚即于当月 30 日将上述 100 万元转入被告人钱建清中国邮政储蓄银行账户。2015 年 9 月 1 日，被告人钱建清、钱赛亚将该款退还给江阴市月城供销合作社。

2. 2015 年 10 月，被告人钱赛亚为帮助其子购置房产，向被告人钱建清提出借用江阴市月城供销合作社公款使用，被告人钱建清表示同意，后被告人钱赛亚于当月 27 日将江阴市月城供销合作社公款 38 万元转入其个人银行账户用于交纳房款，后被告人钱赛亚于 2016 年 2 月 16 日将该款退还给江阴市月城供销合作社。

另查明，2012 年 7 月至 12 月，被告人钱建清为帮助其子钱某 1 完成银行揽储任务，还先后分别指使被告人钱赛亚将江阴市月城供销合作社公款 50 万元、50 万元、120 万元、110 万元、100 万元、100 万元存入其个人中国农业银行账户，后均予以退还，使用时间为 1 日至 11 日不等；2016 年 1 月 19 日，被告人钱建清为帮助其子钱某 1 完成银行揽储任务，指使被告人钱赛亚将江阴市月城供销合作社公款 80 万元存入其个人中国农业银行账户，后于 2016 年 2 月 16 日退还给江阴市月城供销合作社；2016 年 2 月 25 日、6 月 3 日，被告人钱赛亚为帮助钱某 2 完成银行揽储任务，经被告人钱建清同意先后两次分别将江阴市月城供销合作社公款 100 万元存入钱赛亚个人名下中国邮政储蓄银行账户，后分别于 2016 年 3 月 31 日、7 月 11 日退还。

【裁判结果】

江阴市人民法院于 2017 年 12 月 14 日作出（2017）苏 0281 刑初 757 号刑事判决：一、被告人钱建清犯挪用公款罪，判处有期徒刑一年，缓刑一年六个月；二、被告人钱赛亚犯挪用公款罪，判处有期徒刑一年，缓刑一年六个月。

钱赛亚不服原审判决，提起上诉。无锡市中级人民法院于 2018 年 2 月 6 日作出（2018）苏 02 刑终 55 号刑事裁定：驳回上诉，维持原判。

【裁判理由】

法院生效判决认为：原审判决认定上诉人钱赛亚、原审被告人钱建清犯挪用公款罪的定罪和量刑事实清楚，证据确实、充分，适用法律正确，量刑适当，诉讼程序合法，应予维持。关于上诉人钱赛亚及其辩护人提出的上诉理由与辩护意见，经查：上诉人钱赛亚、原审被告人钱建清作为国家工作人员，利用职务上的便利，未经主管单位批准，为帮助他人完成揽储任务而以个人名义将本单位国有资产存入银行或用作个人购房款，且超过三个月未还，属于挪用公款归个人使用，应认定为挪用公款罪，原审判决的定性并无不当。

【案例注解】

关于本案两名被告人的挪用行为是否属于进行营利活动，形成了两种意见：第一种意见认为构成营利活动。依据是1998年《最高人民法院关于审理挪用公款案件具体应用法律若干问题的解释》（以下简称为《挪用公款司法解释》）第二条第一款第二项之规定："挪用公款数额较大，归个人进行营利活动的，构成挪用公款罪，不受挪用时间和是否归还的限制。在案发前部分或者全部归还本息的，可以从轻处罚；情节轻微的，可以免除处罚。挪用公款存入银行、用于集资、购买股票、国债等，属于挪用公款进行营利活动。所获取的利息、收益等违法所得，应当追缴，但不计入挪用公款的数额。"该解释明确规定"挪用公款存入银行"即属于进行营利活动，这也是本案引起分歧的重要原因。

第二种意见认为不构成营利活动。理由是本案缘起于钱建清或钱赛亚为在银行工作的亲友揽储，且大部分利息已入单位账，无证据显示钱建清或钱赛亚将利息据为已有或者获取其他收益，亦不足以证明被告人钱赛亚通过炒房获利。笔者同意第二种意见，理由如下：

一、正确理解《挪用公款司法解释》关于"营利活动"的规定

首先，从司法解释的特征来看，司法解释虽然是对高度概括的法律的进一步阐释，但是由于社会生活的复杂多样性，司法解释也不可能预见所有的法律适用问题并作出事无巨细的规定，不可避免仍然具有较为原则的特征。对挪用公款存入银行的行为不能一概而论，因为，实践中挪用公款存入银行的行为具有不同的情形，例如，有的行为人是出于赚取利息的目的，有的行为人是出于转移单位资金的目的，也有的行为人是出于帮助他人完成揽储任务的目的等。而所谓营利活动是一种获取经济利益的行为，挪用公款存入银行是能够产生孳息的，《挪用公款司法解释》所称"存入银行属于进行营利活动"，指的就是

当事人获取所挪用公款孳息的行为。对于行为人主观上无营利故意，客观上也未得利者，不应认定为挪用公款进行营利活动，只有那些主观上为了获取利息等个人利益的才能视为进行营利活动。

其次，从《挪用公款司法解释》文义来看，规定："挪用公款存入银行、用于集资、购买股票、国债等，属于挪用公款进行营利活动。所获取的利息、收益等违法所得，应当追缴，但不计入挪用公款的数额。""存入银行"是与"用于集资、购买股票、国债"并列的关系，而"用于集资、购买股票、国债"具有非常明显的营利特征。因此"存入银行"必须要达到该种程度，才是《挪用公款司法解释》所规定的属于营利活动的行为。

二、为帮助他人完成揽储任务而个人未实际获利的行为不属于挪用公款进行营利活动

如前所述，在挪用公款给他人使用的情况下，应结合挪用人的主观意图、认知能力及实际使用方式，根据主客观相统一原则具体加以分析。挪用公款进行营利活动的认定并不以行为人本人具有营利目的为必要，如明知他人进行营利活动而挪用公款给他人使用同样应认定为进行营利活动，如用于偿还债务则需要从债务产生的原因角度判断公款使用类型。本案中，从主观方面看，被告人钱建清、钱赛亚公款私存之目的在于帮助他人完成揽储任务，主观上不具有营利目的，所获取的利息交单位入账而未占为己有，亦无其他证据证明被告人钱建清、钱赛亚通过挪用行为个人从中获益。从客观方面看，根据会计钱赛亚交代，钱建清挪用公款存入银行的利息共计约4万余元，而其交给单位入账的利息共计有33428.5元，加上钱建清储蓄银行卡上未入账的利息1万余元，两者数字基本吻合。而且，留在钱建清的卡上的1万余元利息虽然没有入账，但该卡一直由钱赛亚保管在单位，钱建清也从未向其要过利息。可见，本案被告人客观上并未获取经济利益，且银行工作人员既未将公款实际用于生产经营、投资理财等经济活动以获取利润，也非为了进行经营活动做准备，即使存在完成揽储任务进而提高业绩等情况，也不属于以公款为资本进行营利性活动。综合来看，本案被告人的行为不属于挪用公款进行营利活动。

三、本案被告人的行为属于挪用公款归个人使用

挪用公款罪所侵害的法益是国家工作人员职务行为的廉洁性及单位对公款的占有权、使用权、收益权，行为人利用职务之便将公款挪用归个人使用，使得公款处于流失及不可回收的风险状态，由于侵害了上述法益而被科处刑罚。

因此，应当从是否侵害法益角度判断行为是否属于挪用公款归个人使用。本案中，一方面，被告人钱建清、钱赛亚为帮助银行工作人员完成揽储任务而将公款以个人名义存入银行，个人通过对公款的支配达到了帮助他人目的，银行工作人员则通过对公款的支配实现了完成揽储任务目标，均符合“使用”的文义。更重要的是，该挪用行为将公款存放于个人名下，使得公款不可避免地处于风险之中，例如，在个人面临诉讼的情况下，公款存在被司法机关冻结、扣划的风险。虽然被告人钱建清、钱赛亚辩称银行卡、存单均存放于单位保险柜，但上述风险仍现实存在。另一方面，钱赛亚为支付住房首付款而向单位借款，虽已向单位支付利息，也未有证据证明其有炒房行为，但该笔款项系超过三个月后才归还。因此，两名被告人挪用超过三个月未还的部分应当属于挪用公款归个人使用的行为而受到刑事追究。

（**一审法院合议庭成员**　成志昀　袁春萍　姚耀芬
二审法院合议庭成员　楼炯燕　杨温蕊　周　群
编写人　江苏省无锡市中级人民法院　楼炯燕
江苏省江阴市人民法院　成志昀
责任编辑　周维明）
审稿人　李玉萍）

郅杰故意杀人、范长龙、唐来福等聚众斗殴案

——聚众斗殴罪的认定与转化

关键词：刑事　聚众斗殴罪　致人重伤　致人死亡　转化犯　被害人

【裁判要旨】

1. 聚众斗殴致人死亡的，对加害方的首要分子和直接加害人定故意杀人罪，对其他积极参加者以聚众斗殴罪从重处罚。

2. 在斗殴时部分人员持械、部分人员未持械的，对持械者、持械者的纠集者及所在方首要分子均应认定为“持械聚众斗殴”。“械”应理解为具有杀伤力且可能造成人身伤亡后果的工具。

3. 积极参加聚众斗殴而伤亡者不是刑事被害人，但因参加聚众斗殴而受重伤、死亡的，其本人或法定代理人、近亲属可提起附带民事诉讼，适用“混合过错”的归责原则。除此以外，因聚众斗殴而受伤者无权提起附带民事诉讼。

【相关法条】

《中华人民共和国刑法》第二百九十二条　聚众斗殴的，对首要分子和其他积极参加的，处三年以下有期徒刑、拘役或者管制；有下列情形之一的，对首要分子和其他积极参加的，处三年以上十年以下有期徒刑：

（一）多次聚众斗殴的；

（二）聚众斗殴人数多，规模大，社会影响恶劣的；

（三）在公共场所或者交通要道聚众斗殴，造成社会秩序严重混乱的；

（四）持械聚众斗殴的。

聚众斗殴，致人重伤、死亡的，依照本法第二百三十四条、第二百三十二

条的规定定罪处罚。

第二百三十二条　故意杀人的，处死刑、无期徒刑或者十年以上有期徒刑；情节较轻的，处三年以上十年以下有期徒刑。

【案件索引】

一审：浙江省宁波市中级人民法院（2017）浙02刑初104号（2017年12月6日）

二审：浙江省高级人民法院（2018）浙刑终4号（2018年5月9日）

【基本案情】

2016年10月，许步云与张磊（均另案处理）因各自经营的KTV员工流动问题产生纠纷。后许步云委托被告人范长龙，张磊指派被告人郅杰处理此事，但双方协商未成。

2016年10月28日晚，以范长龙为首的一方与郅杰为首的一方相互约架，双方均纠集多人，均因对方未到己方的约架地点而未果。

次日晚，以范长龙为首的一方与以郅杰为首的一方又约架于宁波市滨江大道附近。范长龙纠集被告人唐来福、高峰和方朝辉（男，殁年39岁）等人。郅杰纠集被告人吴勇龙、方海涛等人，又通过被告人吴新飞纠集被告人胡倍倍等人。当日23时40分许，上述人员在宁波市中兴北路与曙光北路路口相遇，范长龙、唐来福、高峰、方朝辉等人下车持砍刀、钢管等工具冲向对方时，郅杰一方的胡倍倍、方海涛等人下车持钢管等工具准备斗殴，郅杰则驾车撞向范长龙一方的人，致使方朝辉被车撞击致双肺挫裂出血、失血性休克经送医院抢救无效死亡，致高峰被车撞击受伤。高峰逃离后又返回犯罪现场查看情况并寻求治疗，在公安人员对其进行询问时，其如实交代了自己的主要犯罪事实。

案发后，在吴勇龙的带领下，郅杰和张磊先后逃往宁波市北仑区和浙江省三门县躲藏，后被抓获。2016年11月18日，被告人方海涛向公安机关自动投案，并如实供述了主要犯罪事实。

案发后，被告人郅杰、吴勇龙的亲属自愿代为赔偿，共同就民事赔偿分别与方朝辉的近亲属及高峰达成赔偿协议，方朝辉的近亲属和高峰对郅杰、吴勇龙的犯罪行为表示谅解。

被告人郅杰辩解称：其是在情急之下开车撞人的，主观上是过失而非故意。郅杰的辩护人提出郅杰的行为不构成故意杀人罪：（1）郅杰不存在故意杀人的动机；（2）客观外在表现证明郅杰没有杀人故意；（3）情急之下的自救行为不能认定为间接故意杀人。

被告人吴新飞的辩护人提出：吴新飞在案发现场的时间短，没有下车，没有持械，也没有具体伤害行为，主观恶性很小，犯罪情节轻微。

被告人高峰的辩护人提出：高峰在聚众斗殴共同犯罪中系一般参加者而非积极参加者，其地位、作用相对较轻；高峰在聚众斗殴中被对方撞成重伤，是刑事被害人。

【裁判结果】

浙江省宁波市中级人民法院于2017年12月6日作出（2017）浙02刑初104号刑事判决：一、被告人郅杰犯故意杀人罪，判处无期徒刑，剥夺政治权利终身；二、被告人范长龙犯聚众斗殴罪，判处有期徒刑八年；三、被告人唐来福犯聚众斗殴罪，判处有期徒刑八年；四、被告人吴勇龙犯聚众斗殴罪，判处有期徒刑五年；五、被告人吴新飞犯聚众斗殴罪，判处有期徒刑五年；六、被告人高峰犯聚众斗殴罪，判处有期徒刑三年；七、被告人胡倍倍犯聚众斗殴罪，判处有期徒刑三年；八、被告人方海涛犯聚众斗殴罪，判处有期徒刑一年六个月。一审宣判后，范长龙、唐来福、吴新飞提出上诉。浙江省高级人民法院于2018年5月9日作出（2018）浙刑终4号刑事裁定：驳回被告人范长龙、唐来福、吴新飞的上诉，维持原判。

【裁判理由】

法院生效裁判认为：被告人郅杰、范长龙、唐来福、吴勇龙、吴新飞、高峰、胡倍倍、方海涛在交通要道聚众斗殴，参加人数多，规模大，造成一人死亡，一人受伤，社会影响恶劣。其中，郅杰纠集、指挥多人持械聚众斗殴，系聚众斗殴的首要分子，同时，其在斗殴过程中驾车撞击对方人员，致一人死亡，一人受伤，其行为已构成故意杀人罪。范长龙、唐来福组织、指挥多人持械聚众斗殴，系聚众斗殴的首要分子。吴勇龙向范长龙一方约架并积极参加聚众斗殴，吴新飞纠集被告人胡倍倍等人持械聚众斗殴；被告人高峰、胡倍倍、方海涛积极参加聚众斗殴，并有持械情节。被告人范长龙、唐来福、吴勇龙、吴新飞、高峰、胡倍倍、方海涛的行为均构成聚众斗殴罪。

郅杰因涉嫌犯寻衅滋事罪被取保候审，在取保候审期间纠集多人持械聚众斗殴，并在斗殴过程中驾车撞击对方人员，致一人死亡，一人受伤，在本案中罪行最严重，其犯罪性质恶劣，所造成的后果极其严重，社会危害性极大，应予严惩，但鉴于郅杰的亲属积极代为赔偿方朝辉家属和高峰的经济损失，且取得了方朝辉家属和高峰的谅解，故对郅杰予以从轻处罚。在聚众斗殴犯罪中，被告人郅杰致一人死亡，一人受伤，以郅杰为首的一方系加害方，故对吴勇龙、吴新飞、胡倍倍、方海涛应予从重处罚。范长龙和唐来福虽然系聚众斗殴的首要分子，但是在归案后能如实供述自己的主要罪行，依法予以从轻处罚。吴勇龙积极参加聚众斗殴，对双方聚众斗殴的发生负有一定的责任，但鉴于吴勇龙的家属代为赔偿方朝辉家属和高峰的部分经济损失，且取得了方朝辉家属和高峰的谅解，故对吴勇龙依法予以从轻处罚。虽然现有证据不足以证明吴新飞持械斗殴，但其系持械者的纠集者，应认定为持械聚众斗殴。吴新飞认罪态度较好，可酌情从轻处罚。高峰在侦查机关一般性调查询问时，主动交代自己的罪行，归案后亦能如实供述，可认定为自首，依法予以从轻处罚。胡倍倍在归案后能如实供述自己的主要罪行，认罪态度较好，依法予以从轻处罚。方海涛犯罪后自动投案，归案后如实供述了其主要犯罪事实，可认定其有自首情节，依法予以减轻处罚。

【案例注解】

聚众斗殴罪是从1979年《刑法》“流氓罪”中分离出来的犯罪，聚众斗殴犯罪是常见的、多发的犯罪，不仅严重扰乱社会公共秩序，而且严重侵害公民的财产权利和人身权利。本案集中了聚众斗殴行为罪与非罪的界限、聚众斗殴罪的转化、对持械聚众斗殴中“械”的理解、聚众斗殴犯罪中的主从犯问题、聚众斗殴参加者伤亡时是否系刑事被害人、自首等疑难问题，具有较强的典型性和指导性。现重点探讨如下几个问题：

一、聚众斗殴行为罪与非罪的界限

根据《刑法》第二百九十二条规定，聚众斗殴罪与非罪的界限是行为人是否属于聚众斗殴的积极参加者。本罪是行为犯，只要行为人实施了聚众斗殴行为，且属于首要分子和其他积极参与者，就构成犯罪。如果聚众斗殴参与者斗殴的态度消极或者尾随参与，且在斗殴中作用不大或者情节显着轻微，危害不大的，不应按犯罪处理，即一般的参与者不构成本罪，可作为违反《治安管理处罚法》的行为处理。

当前，在司法实践中，由于没有明确区分聚众斗殴积极参加者与一般参加者的标准，造成了聚众斗殴罪与非罪的含混不清。

判断行为人是否是聚众斗殴罪中“积极参加者”要从主客观两方面同时进行：一是主观上是否对聚众斗殴积极、主动；二是客观上是否积极作为、配合。除此之外，还要考虑行为人在聚众斗殴中参加程度、所起的作用，其行为造成的后果等因素。

聚众斗殴的“积极参加者”的客观表现主要有以下几点：（1）明知是聚众斗殴而主动加入；（2）经他人要求而参加，但行为积极；（3）为聚众斗殴出谋划策；（4）为聚众斗殴准备工具、创造条件（如帮助约定斗殴时间、地点、准备斗殴工具、联络参加者、查看聚众斗殴地点、打探对方情况等）；（5）在“斗殴”阶段积极作为或积极唆使他人作为；（6）聚众斗殴前后运送参加者赶赴或撤离现场；（7）造成严重后果（不包括导致他人死亡或重伤，造成死亡或重伤按转化犯追究其杀人或重伤的刑事责任）等。

根据《浙江省高级人民法院关于审理聚众斗殴犯罪案件相关问题的纪要》的规定：“为主纠集人员，或者在斗殴时负责组织、指挥的，应认定为聚众斗殴的首要分子；纠集多人斗殴的，提供斗殴凶器的，接送多人赶赴、离开斗殴现场的，在斗殴时行为积极的，一般应认定为聚众斗殴的积极参加者。”

在本案中，被告人郅杰、范长龙、唐来福均为主纠集人员，并在斗殴过程中负责组织、指挥，应当认定为聚众斗殴的首要分子。且郅杰、范长龙、唐来福均系持械聚众斗殴。被告人郅杰驾车撞击方朝辉、高峰并致方朝辉死亡、高峰受伤，系直接加害人。被告人吴新飞积极纠集多人参与斗殴，属于积极参加聚众斗殴。被告人吴勇龙与范长龙一方约架、纠集人员、运输斗殴工具、犯罪后带郅杰、张磊逃亡，属于积极参加聚众斗殴。被告人高峰、被告人胡倍倍、被告人方海涛积极参加聚众斗殴，且持械参与斗殴。

二、聚众斗殴罪的转化问题

根据《刑法》第二百九十二条第二款的规定：“聚众斗殴，致人重伤、死亡的，依照本法第二百三十四条、第二百三十二条的规定定罪处罚。”关于该规定的法律性质，有“法律拟制说”“注意规定说”“转化犯说”“结果加重犯说”“法律推定说”等学说。张明楷教授持“法律拟制说”：“第二百九十二条第二款的文言，明显属于法律拟制的表述，即只要在聚众斗殴中致人重伤、死亡，就应认定为故意伤害、故意杀人罪。”[①] “法律拟制”是将原本不符合某种规定的行为也按该规定处理。但是，虽然聚众斗殴致人重伤、死亡时行为定性发生变化，但“仍然需要在构成要件的符合性框架内进行严格的条件限定，而不能以立法拟制来简单地进行回应”[②]。按照“注意规定说”，聚众斗殴中致人重伤、死亡如果要按照故意伤害罪、故意杀人罪论处，必须符合各罪的全部构成要件，那么，在聚众斗殴中过失致人重伤、死亡的，就不能按照故意伤害罪、故意杀人罪处罚。转化犯是指在实施某一犯罪行为的过程中，因又实施了一行为或者出现了某一较为严重的结果，而超出了基本罪的构成要件，刑法特别规定在此情形下犯罪发生了转化，并以转化后的犯罪定罪处罚的犯罪形态。[③] 在我国刑法中，大多数转化犯不一定具有转化罪的犯罪故意。[④] “结果加重犯说”认为，致人重伤、死亡结果而转化为故意伤害或故意杀人的情形，属于“形式上的转化犯、实质上的结果加重犯”[⑤]。结果加重犯是犯罪行为发生了法定的严重后果，而加重行为人法定刑的情形，其并未超出同一犯罪构成要件。而《刑法》第二百九十二条第二款显然超出了同一犯罪构成要件。“法律推定说”认为，致人重伤、死亡结果的按照故意伤害罪或故意杀人罪定罪处罚是为了减轻犯罪检控的证明负担所作的法律推定，对于参与犯罪的其他人对加害行为有加功作用的，推定为故意杀人罪、故意伤害罪的共犯。[⑥] “转化犯说”和“法律拟制说”并不存在本质区别，都需要超越 A 犯罪构成要件，而按 B 犯罪构成定罪处罚，本案采纳转化犯说。

在本案中，被告人郅杰在聚众斗殴的过程中，在能够避让人群的情况下，直接驾车冲向人群，致使一人死亡，一人受伤。在犯罪后，驾车逃离现场，没有实施施救行为。郅杰作为一个有驾驶经验的成年人，明知自己驾车冲向人群的行为会发生他人伤亡的结果，并且放任这种结果的发生，其杀人的故意明显。又根据转化犯的处理规则，行为人在聚众斗殴过程中即使没有杀人故意，但客观上致人死亡、重伤的，也应认定为故意杀人罪、故意伤害罪。又根据想象竞合犯的处罚原则，郅杰驾车冲撞虽然致一人死亡，一人受伤，但是应按较

① 张明楷：《刑法分则解释原理》，中国人民大学出版社 2004 年版，第 272 页。
② 陈伟：《聚众斗殴转化犯的范围及其界定》，载《法治研究》2018 年第 1 期。
③ 李振林、林清红：《转化犯与法律拟制之关系辨析》，载《铁道警察学院学报》2015 年第 1 期。
④ 薛进展：《转化犯基本问题新论》，载《法学》2004 年第 10 期。
⑤ 莫洪宪、刘夏：《刑讯逼供罪转化犯问题研究》，载《山东警察学院学报》2010 年第 4 期。
⑥ 刘之雄：《法律推定的故意伤害罪、故意杀人罪研究——以聚众斗殴致人重伤、死亡为焦点》，载《法学家》2018 年第 1 期。

重的故意杀人罪的法定刑处罚。

三、对持械聚众斗殴中“械”的理解

从刑法立法的目的来看，持械聚众斗殴之所以要加重处罚，不仅因为持械行为容易壮大持械者的力量，激化斗殴双方的矛盾，造成斗殴参加者伤亡的后果，更重要的是持械参与人使用了工具，使得周围的群众感到更加害怕，更易造成恐慌，从而使社会公共秩序受到严重的破坏。从目的解释的方法来看，应将“械”解释为具有杀伤力且有可能造成人身伤亡后果的物品，如刀、枪、棍、棒、砖头、硫酸等。如果斗殴参与者所持物品不具有杀伤力且不可能造成人身伤亡，如旗帜、标语、水等，不能理解为“械”。行驶中的汽车具有重大杀伤力且容易造成人身伤亡，因此，被告人郅杰驾车撞击对方的行为可以单独认定为持械聚众斗殴。

四、聚众斗殴犯罪中不必区分主从犯

聚众斗殴犯罪是多人参与的必要共同犯罪行为，不宜再适用刑法总则关于共同犯罪的一般规定对各被告人区分主、从犯。理由是，刑法总则关于共同犯罪的一般规定是针对任意的共同犯罪而言的，因为刑法分则各罪除了必要的共同犯罪之外，都是以个人单独犯罪为标准，因而刑事立法没有必要在刑法分则每一个条文中对每一个犯罪都在规定个人单独犯罪同时还规定共同犯罪，这样一来，就有必要在刑法总则中规定共同犯罪的构成，为处理共同犯罪案件提供法律依据。而对必要的共同犯罪，刑法已经在分则相应的条款中对行为人的犯罪地位作出了特别的规定，因此，对必要共同犯罪的处理不能适用对于任意共同犯罪的处理原则。就聚众斗殴犯罪而言，《刑法》第二百九十二条已经按照聚众斗殴参与者在共同犯罪中的地位、作用划分了首要分子和其他积极参加者，并明确了量刑标准，此时，没有必要再按照《刑法》的规定区分主从犯。

五、遭受伤亡的聚众斗殴参加者不应列为刑事被害人

参与聚众斗殴者，明知可能伤害他人或被他人伤害，仍然参加聚众斗殴，应自行承担相应的刑事和民事责任。如在聚众斗殴中未造成重伤、死亡结果的，参与聚众斗殴者无权提起刑事附带民事诉讼。但是聚众斗殴参加者遭受重伤或死亡时，因加害者的行为性质发生变化，遭受重伤或死亡的聚众斗殴参加者或其近亲属可以提起刑事附带民事诉讼或民事诉讼，但适用混合过错归责原

则，即遭受重伤或死亡的一方也要承担部分民事责任。斗殴前，被告人高峰参与殴打对方人员，激化双方矛盾。后又积极、主动参与聚众斗殴，且有持械情节，在刑法上属于犯罪行为，在民法上属于自甘风险的行为，虽然其在犯罪过程中受伤，但其所应承担的刑事责任由其自担，不得由他人分担，故高峰不是刑事被害人。

六、返回现场治伤的斗殴参与者的自首问题

根据《刑法》第六十七条第一款的规定，自首的构成要件是“自动投案”和“如实供述罪行”。从本案来说，有争议的问题是被告人高峰在积极参加聚众斗殴中受伤后认为自己是受害者，并返回犯罪现场求医的行为是否是“自动投案”。

所谓“自动投案”是被告人在犯罪后、归案前，出于本人意志而向司法机关承认自己实施了犯罪行为，并自愿置于司法机关的控制之下，等待法律制裁的行为。“自动投案”的本质属性有两个：一是投案的主动性；二是投案的自愿性。典型的“自动投案”，首先必须是“投案”，即向司法机关承认自己实施了犯罪行为，并自愿置于司法机关的控制之下，等待法律的制裁。行为人在犯罪以后自动投案并如实供述自己的罪行，将要引起的法律后果就是司法机关对其进行的审查和裁判，接受审查和裁判才能说明行为人具有悔罪的诚意。

在本案中，被告人高峰以被害人的身份返回犯罪现场查看朋友的伤势并要求治疗，其没有意识到自己已经构成犯罪，属于法律认识错误。但是高峰犯罪后返回犯罪现场查看朋友的伤势并要求治疗的行为客观上符合“自动投案”的要件。从典型的“自动投案”来看，只有承认自己实施了犯罪行为，并自愿将自己置于或者最终置于司法机关控制之下，才是自动投案。但是本案中的被告人高峰对法律认识错误，客观上又作出了“自动投案”的行为。对“自动投案”作目的解释，可以认定为“自动投案”。自首设立的目的是功利性的，不要求犯罪嫌疑人、被告人有悔罪的主观动机或目的，只要客观上自愿将自己置于司法机关的控制之下，节约了司法资源，则可以认定为“自动投案”。犯罪嫌疑人、被告人对自己行为性质的误解不影响“自动投案”。事实上，公安机关在被告人高峰投案后为其作了三次询问笔录，没有将其视为犯罪嫌疑人而予以讯问。

《最高人民法院关于处理自首和立功若干问题的意见》规定了“在司法机关未确定犯罪嫌疑人，尚在一般性排查询问时主动交代自己罪行”的情形视为“自动投案”，被告人高峰在积极参加聚众斗殴中受伤，认为自己是受害者

返回犯罪现场查看情况并求医，后如实交代自己的主要犯罪事实的，大致符合该规定，即在侦查机关一般性调查询问时（还未锁定犯罪嫌疑人，也未掌握犯罪线索和捕获其他犯罪嫌疑人）主动交代自己的罪行，归案后亦如实供述，可以认定有自首情节。

（**一审法院合议庭成员** 马立军 尹振国 李 辉
二审法院合议庭成员 薛春宝 黄惠锋 郑 军
编写人 浙江省宁波市中级人民法院 尹振国
责任编辑 周维明
审稿人 李玉萍）

民 事

骆小山诉深圳市骏业基金管理有限公司、何雅如民间借贷纠纷案

——名为“私募基金”实为“民间借贷”的认定

关键词：民事 私募基金 民间借贷 担保函

【裁判要旨】

对名为私募基金合同，但合同内容存在投资者不适格、基金产品未备案以及保底条款等情形，不符合基金合同法律关系构成的，人民法院应按照其实际构成的法律关系处理。符合民间借贷法律关系构成的，按民间借贷进行认定。当事人在意思表示真实的情况下出具了单方担保函，应在担保函载明的不动产价值的范围内承担担保责任。

【相关法条】

《私募投资基金监督管理暂行办法》第十二条第一款 私募基金的合格投资者是指具备相应风险识别能力和风险承担能力，投资于单只私募基金的金额不低于100万元且符合下列相关标准的单位和个人：

（一）净资产不低于1000万元的单位；

（二）金融资产不低于300万元或者最近三年个人年均收入不低于50万元的个人。

第七条第一款 各类私募基金管理人应当根据基金业协会的规定，向基金业协会申请登记。

第八条第一款 各类私募基金募集完毕，私募基金管理人应当根据基金业协会的规定，办理基金备案手续。

第十五条 私募基金管理人、私募基金销售机构不得向投资者承诺投资本金不受损失或者承诺最低收益。

《中华人民共和国物权法》第十五条 当事人之间订立有关设立、变更、转让和消灭不动产物权的合同，除法律另有规定或者合同另有约定外，自合同成立时生效；未办理物权登记的，不影响合同效力。

第一百七十条 担保物权人在债务人不履行到期债务或者发生当事人约定的实现担保物权的情形，依法享有就担保财产优先受偿的权利，但法律另有规定的除外。

【案件索引】

一审：广东省深圳前海合作区人民法院（2016）粤0391民初1193号（2017年8月5日）

二审：广东省深圳市中级人民法院（2018）粤03民终125号（2018年4月18日）

【基本案情】

原告骆小山诉称：骆小山与深圳市骏业基金管理有限公司（以下简称骏业基金）于2015年8月31日签订《粤融进取5号股权投资基金认购合同》（以下简称《认购合同》），由骆小山向被告骏业基金认购非公开发售基金，双方约定：保本收益，收益每3个月支付一次，并对收益、违约责任进行了约定。何雅如于2015年8月20日事先出具担保函，以其名下的9套房产作为骏业基金推出的基金产品收益及价值提供连带保证责任。《认购合同》在佛山市签订后，骆小山于2015年9月1日将认购基金款40万元转到骏业基金指定的账号。但至今骏业基金并没有按约定支付收益，其行为已经构成严重违约，故请求原审法院判令：（1）解除骆小山与骏业基金2015年8月31日签订的《认购合同》；（2）骏业基金立即返还投资款本金40万元及收益（收益计算方法：以本金40万元为基数从2015年9月起按每3个月13%计至清偿日止，暂计至2016年5月为138400元）；（3）何雅如对上述债务承担连带清偿责任，骆小山对其提供担保的房屋享有优先受偿权；（4）本案诉讼费由骏业基金、何雅如负担。骆小山在庭审中申请撤回第（1）项诉讼请求，并将第（2）项诉讼请求中的“投资款”更改为“认购款”。

被告骏业基金未到庭答辩。

被告何雅如辩称：（1）本案应属于刑事案件，骏业基金法定代表人王运超涉嫌刑事诈骗，但佛山公安机关认为该案属于经济纠纷并未受理。何雅如作为担保人是被欺骗的，出具担保函是受王运超及吴国华的欺骗。吴国华是佛山市粤融投资有限公司（以下简称粤融公司）的员工，对外称其是股东。粤融公司的上市事宜是由王运超和吴国华二人共同运作，并承诺上市后给何雅如干股。所有基金的售卖都是吴国华负责的，共200多万元。该基金是私募基金，并没有备案。骏业基金在佛山农行开的账户，是由王运超和何雅如共同监管，只有二人签字才可取钱，账户在被告骏业基金名下。但王运超后来又把何雅如的监管资格取消了，把钱全部取走了。法院应裁定本案中止审理或驳回起诉，移送公安机关处理。（2）《认购合同》约定的最低份额是50万，骆小山只认购了40万，而且认购的基金也没进行备案，因此，主合同《认购合同》是无效的，故所涉担保函无效。（3）申请追加王运超、苏志玲、肖仁财为被告。骏业基金的注册资本总额为1亿元，王运超认缴4000万元，苏志玲认缴3000万元，肖仁财认缴3000万元，三人均未如实出资。

法院经审理查明：

1. 2015年8月31日骆小山与骏业基金签订《认购合同》，认购4份粤融进取5号股权基金，金额合计40万元。合同的主要内容如下：

（1）第二条约定：基金名称为“粤融进取5号股权投资基金”，类别为私募投资基金，募集总额为2.75亿元，每份基金的份额为10万元，共计200份，投资目标是在保证投资者资金安全的前提下，通过短线交易和趋势交易，实现基金资产规模的稳步增长，最低认购额为50万元，其中骏业基金作为普通份额持有人承诺认购92.7%，即2.55亿元，基金存续期限为1年，即2015年9月起至2016年8月止。

（2）第三条约定：认购时间自招募说明书发布之日起开始办理，截止时间为2016年4月，认购方式为面向特定投资者非公开发售，为契约型封闭式基金，基金存续期间基金份额持有人不得赎回，存续期满后基金份额持有人可选择赎回，或投资其他项目，或基金续存，继续持有份额，基金存续期间，投资人如需对其所持有的基金份额进行转让，需告知基金管理人，由基金管理人对其转让进行登记确认。

（3）第四条约定：基金管理人系骏业基金，其权利是自基金合同生效之日起，独立管理运用基金财产，制定、修改并公布有关基金认购、赎回、过户、收益分配等方面的业务，决定基金的相关费率结构和收费方式，获得基金管理费，召集基金份额持有人会议等；其义务包括以诚实信用、勤勉尽责的原则管理和运用基金财产，配备足够的具有专业资格的人员进行基金投资分析、决策，以专业化的经营方式管理和运作基金财产，及时向基金份额持有人分配基金收益，受理认购和赎回申请，及时、足额支付赎回款项，因违反基金合同导致基金财产的损失或损害基金份额持有人的合法权益，应承担赔偿责任，其赔偿责任不因其退任而免除等义务。

（4）第五条约定：基金的投资范围是国内市场的所有品种，投资策略是初期以新三板股权投资、上市并购为主，有一定收益后，再开始追加投资，在中长线操作中实现基金的稳步增值。

（5）第八条约定：基金收益分配方案是收益每 3 个月支付一次，届满 3 个月的最后一个交易日为结算基准日。当管理账户的盈利情况达到下列条件时，基金份额持有人应该支付收益：认购额度 10 万（含） －199 万 ×13% ＋浮动收益；认购额度 200 万（含） －299 万 ×15% ＋浮动收益；认购额度 300 万（含） －499 万 ×17% ＋浮动收益；认购额度 500 万（含）以上收益按《附加收益保密协议》。

关于亏损时基金权益的分配，基金管理人承诺保证基金份额持有人的本金安全，如发生亏损，亏损将由基金管理人承担，基金份额持有人不承担任何亏损。基金存续期满或因亏损超过规定比例，基金管理人须将本金全额退还基金份额持有人，且不得收取任何管理费用。

（6）第十条约定：本基金合同当事人不履行合同或履行合同不符合约定的，应当承担违约责任。因基金管理人违约给基金财产或者基金份额持有人造成损害的，应当分别对各自的行为依法承担赔偿责任，因共同行为给基金财产或者基金份额持有人造成损害的，应当承担连带赔偿责任。

2. 2015 年 9 月 1 日骆小山将认购款 40 万元转至骏业基金指定的中国农业银行账户。

3. 2015 年 8 月 20 日，何雅如出具担保函，全文如下：“致：粤融进取 5 号股权投资基金投资者你们好！本人何雅如，愿意提供购买价格为 4089854 元的如下房产为购买深圳市骏业基金管理有限公司推出的粤融进取 5 号股权投资基金产品提供权益及价值保障。特此担保！”担保函附表列举了担保房产，房产登记权利人均为何雅如，均未进行抵押登记。

4. 根据中国证券投资基金协会官网公示的信息，骏业基金属于已备案的基金管理人，但处于“失联（异常）状态”，异常的原因为未按要求提交经审计的年度财务报告，未按要求进行产品更新或重大事项更新累计2次以上，此外，其实缴资本低于100万元或实缴资本低于25%，高管王运超、肖仁财无基金从业资格，涉案的“粤融进取5号股权投资基金”没有进行登记备案，也未进行信息披露。

【裁判结果】

广东省深圳前海合作区人民法院于2017年8月5日作出（2016）粤0391民初1193号民事判决：一、被告深圳市骏业基金管理有限公司在本判决生效后3日内向原告骆小山偿还本金40万元并支付利息（以40万元为基数，按年利率24%的标准从2015年9月1日起计至付清之日止）；二、被告何雅如在担保函所列房产的价值范围内，对被告深圳市骏业基金管理有限公司上述债务承担连带清偿责任，被告何雅如承担责任后可以向被告深圳市骏业基金管理有限公司追偿；三、驳回原告骆小山的其他诉讼请求。

被告何雅如不服一审判决，提起上诉。广东省深圳市中级人民法院于2018年4月18日作出（2018）粤03民终125号民事裁定：驳回上诉，维持原判。裁判已发生法律效力。

【裁判理由】

法院生效判决认为：骆小山与骏业基金签订了《认购合同》，但骆小山不属于私募投资的合格投资者，涉及的私募基金产品没有进行登记备案，且合同约定了正规基金合同中不允许出现的保底条款。因此，涉案合同不具备私募基金合同的构成要件，名为“私募投资”，实为“民间借贷”。

关于涉及刑事犯罪中止审理的问题。何雅如已向佛山市公安机关报过案，但是公安机关认为该案是经济纠纷，不属于刑事管辖范畴而未受理，何雅如亦没有向法院提供更多的本案涉嫌犯罪的证据，法院无需中止审理或驳回起诉。

关于担保责任如何承担的问题。首先，涉案主合同虽名为私募基金合同，但其实质为民间借贷合同，同时该合同成立且有效，担保合同也不因此有效的主合同而无效。其次，从意思表示层面看，何雅如出具的担保函系其真实意思表示，相当于给出要约，当包括骆小山在内的名义上的投资者签订合同后，就相当于作出了承诺，由此构成了封闭完整且要件齐备的意思表示，这种先由担保方出具担保性要约的形式不违反法律法规禁止性的规定，属于非典型担保合同关系。最后，虽然存在担保合同关系，但因未进行登记，抵押权没有设立，骆小山不享有对涉案不动产的优先受偿权。因此，何雅如应在担保函载明的不动产价值的范围内对主债务承担连带清偿责任。

【案例注解】

近年来，私募在中国方兴未艾，但是也存在着不少打私募之旗、行借贷之实的情况。当前，国家金融政策核心要领是以去杠杆、防系统性风险为主，在思路上要求打破刚兑，实施穿透式监管，让资本更好地为实体经济服务。在本案，法院对名为私募投资、实为民间借贷的实例进行了“穿透式”的认定，并进行了详细分析，在当下具有相当的典型性。

一、关于本案所涉合同的效力及性质认定问题

合同性质与效力的问题是处置合同类纠纷首先需要明确的，在本案中，效力之争也是原、被告双方分歧最大之处。原告认为本案所涉合同为基金合同，系双方真实意思表示，合法有效。被告何雅如则认为，涉案基金产品未进行备案登记，且合同约定的最低认购额为50万元，而原告只认购了40万元，另外还有保底条款，因此合同是无效的。关于私募基金合同的外观形式，《证券投资基金法》第九十三条作了详细列举：“非公开募集基金，应当制定并签订基金合同。基金合同应当包括下列内容：（一）基金份额持有人、基金管理人、基金托管人的权利、义务；（二）基金的运作方式；（三）基金的出资方式、数额和认缴期限；……（十一）当事人约定的其他事项。”从合同外观上看，涉案的《认购合同》较完整地涵盖了法律规定的各基本要素，但是法院认为，外观形式只是构成基金合同的必要条件，但并非是充分条件，基于形式服务于内容的原理，对合同的定性和效力的判断更取决于合同的实体内容。法院基于以下五个方面的理由判定，本案所涉的《认购合同》属于名为投资基金、实为民间借贷的情形，而且在效力上不存在无效的事由。

（一）本案原告不属于私募投资的合格投资者

本案所涉的合同名称为私募基金合同，私募和其他传统的投资方式相比，具有专业性和高风险性之特点。因此，对私募投资者设有特定的投资门槛，即应遵循投资者适当性规则。投资者适当性规则是国际资本市场普遍规则，其理论源于美欧资本市场，在美国、欧盟、英国、日本等国家和地区的资本市场已

经较为普遍和成熟。投资者适当性管理的目的是让“适合的投资者购买恰当的产品”，以此保护投资者合法权益。美国将投资者适当性管理分为两种：一是投资人导向型适当性管理，要求金融产品和服务提供者必须根据特定客户的财务情况，推荐与该客户风险承受能力相一致的证券类型或者投资方案；二是合理基础适当性管理，要求金融产品和服务提供者公布的市场预测或者提供的投资意见等都必须有合理的事实基础，而不是没有根据的臆测。对投资者进行科学分类并区别管理是投资者适当性管理的基础。在确定客户分类中，资产、投资经验以及对金融产品的认知是主要考虑因素。美国将证券投资者分为可接受投资者、合格投资者、合格购买者等；欧盟将接受金融产品和服务的客户分为零售客户、专业客户和合格对手；英国将客户区分为零售客户、专业客户和选择性的专业客户；日本则将投资者分为普通投资者和专业投资者，并在此基础上细分为不可转化为普通投资者的专业投资者、可转化为普通投资者的专业投资者、可转化为专业投资者的普通投资者以及不可转化为专业投资者的普通投资者四类。美欧投资者适当性管理的突出内容和创新之一便是建立了以投资者分类为依托的投资者适当性管理制度，在投资者保护和资本市场风险控制方面起到了重要作用。

2007 年以来，我国已经在部分市场、产品和业务中陆续实行了适当性管理。根据中国证券监督管理委员会（以下简称证监会）发布的、于 2017 年 7 月 1 日施行的《证券期货投资者适当性管理办法》，我国将投资者分为普通投资者和专业投资者，满足一定条件时两者还可互相转化。我国对于私募基金的合格投资者如何认定有具体的规定。根据《证券投资基金法》第八十八条规定，非公开募集基金应当向合格投资者募集，合格投资者是指达到规定资产规模或者收入水平，并且具备相应的风险识别能力和风险承担能力、其基金份额认购金额不低于规定限额的单位和个人，具体标准由国务院证券监督管理机构规定。证监会 2014 年 8 月发布了《私募投资基金监督管理暂行办法》（以下简称《私募监管暂行办法》），其中第十二条第一款进一步明确了合格投资者的标准：“私募基金的合格投资者是指具备相应风险识别能力和风险承担能力，投资于单只私募基金的金额不低于 100 万元且符合下列相关标准的单位和个人：（一）净资产不低于 1000 万元的单位；（二）金融资产不低于 300 万元或者最近三年个人年均收入不低于 50 万元的个人。”

本案中，作为投资者的原告系自然人，根据上述规定可知，符合个人合格投资者的条件之一是投资于单只私募基金金额不低于 100 万元。原告投资的金额是 40 万元，远低于 100 万的下限规定，而且涉案私募基金合同也规定，该基金最低认购额是5份，即50万元，原告的投资额也未达到该合同约定。因此，本案原告不属于私募的合格投资者。

（二）本案所涉的私募基金产品未经登记备案

关于基金的登记备案问题。近年来，私募基金行业存在的问题备受社会各界和监管机构关注。私募基金管理人数量众多、鱼龙混杂、良莠不齐，一些机构滥用登记备案信息非法自我增信，一些机构合规运作和信息报告意识淡薄，一些机构甚至从事公开募集、内幕交易、以私募基金为名的非法集资等违法违规活动。为了切实保护投资者合法权益，督促私募基金管理人履行诚实信用、谨慎勤勉的受托人义务，促进私募基金行业规范健康发展，形成以信息披露为核心、诚实信用为基础的自律监管体制，监管机构对私募基金行业实行登记备案制度。私募基金的备案登记又分为基金管理人登记和私募基金产品登记。根据《私募监管暂行办法》第七条、第八条之规定，各类私募基金管理人应当根据基金协会的规定，向基金协会申请登记，各类私募基金募集完毕，私募基金管理人应当根据基金协会的规定，办理基金备案手续。

在本案中，经查询中国证券投资基金企业协会官网信息，被告骏业基金虽然作为基金管理人已经进行登记备案，但目前处于“失联（异常）状态”，异常的原因为未按要求提交经审计的年度财务报告，未按要求进行产品更新或重大事项更新累计2次以上，涉案的“粤融进取5号股权投资基金”产品没有进行登记备案，也未进行信息披露。此外，中国证券投资基金企业协会官网还显示被告骏业基金实缴资本低于100万元或实缴资本低于25%，高管王运超、肖仁财无基金从业资格。

事实上，基金管理人和基金产品的备案登记并非私募基金的生效要件。根据《私募监管暂行办法》第九条，基金业协会为私募基金管理人和私募基金办理登记备案不构成对私募基金管理人投资能力、持续合规情况的认可；不作为对基金财产安全的保证。从该条文的内容可以明确，不同于公募基金对基金管理人的许可制及高管人员的审批制，目前政策领域对于私募基金侧重于尊重当事人意思自治，在监管上采取了相对灵活、宽松的方式，其登记备案主要作为一种程序性要求。但是，随着私募基金行业的日渐规范化，将来也并不排除对其的监管会升级到审批制。

（三）涉案合同的保证本金不受损失条款违反规定

在合同纠纷领域，尤其是在投资、理财合同类纠纷中常见的一种争议是保底条款问题。一般而言，保底条款还可细分为保本条款和保收益条款。保本条款是指一方向另一方承诺其投入的保证本金不受损失，保收益条款是指一方向另一方承诺其本金不受损失之外还将得到最起码的收益。《私募监管暂行办法》第十五条规定："私募基金管理人、私募基金销售机构不得向投资者承诺投资本金不受损失或者承诺最低收益。"因此，在正规的基金合同中，不允许出现保底条款。

涉案的《粤融进取5号股权投资基金认购合同》第八条约定："基金管理人承诺保证基金份额持有人的本金安全，如发生亏损，亏损将由基金管理人承担，基金份额持有人不承担任何亏损。"该条款属于明显的保本条款，违反了上述《私募监管暂行办法》的规定。

（四）涉案合同名为私募投资，实为民间借贷

私募投资与民间借贷虽然都是一定经济主体的经济行为，但是分属不同的法律关系，产生的法律后果也有很大差异。因此，分析厘清私募投资和民间借贷的联系与区别，对于维护权利人的合法权益有重要意义，也对本案合同的准确定性起到关键的"标尺"作用。

在我国，私募投资属于近些年新兴的投资方式。通说认为，私募投资基金是指以非公开方式向合格投资者募集资金设立，由基金管理人管理，为投资者的利益进行投资活动的基金。按标的类型分，私募基金主要分为三类：证券投资类、股权投资类和风险投资类，本案属于股权投资类。民间借贷是社会经济发展过程中相对于国家正规金融行业自发形成的一种民间融资信用形式，在我国具有深厚的历史渊源和经济基础，也具有广泛的社会基础。近年来，随着股市期货证券市场、房地产市场和能源开发市场的变动，进一步推动了民间借贷的繁荣，民间资本由最初的生活型借贷和简单的生产性借贷逐步转向了投资性借贷和经营性借贷。私募基金和民间借贷相同之处在于都带有货币在资本市场的融通和流动功能，但是，私募投资和民间借贷在性质、门槛、监管、风险等方面也有着本质的区别：

第一，民间借贷是一种债，一般而言是所有物的所有权发生了移转。而私募投资虽然也有协议，但性质上不属于债，而是对自己所有物权利的处分，通常只是占有权发生了一定的改变，但权利人仍享有不完全的支配权和处分权。

第二，民间借贷来自民间、发生在民间，没有任何门槛条件。而私募投资者有明确的合格者要求，如前文所述，必须满足投资于单只私募基金金额不低于100万元的要求。

第三，民间借贷属于"法不禁止即自由"，不存在政府主管部门的问题。而私募投资是由证监会监管，该部门专门制定了《私募监管暂行办法》，明确要求私募产品要进行备案登记等一系列监管措施。

第四，民间借贷可以是无偿的，如果是有偿的，其收益是确定的，不存在本金亏损的风险问题，风险系数很低。而私募投资禁止保底承诺，其可能获取的收益是不确定的，而且有本金亏损的风险，风险系数高。民间借贷不允许高利贷，但私募投资可以高收益。

从上述分析并结合本案情况可知，原告既非私募的合格投资者，被告骏业基金拟发行的基金产品也无任何备案记录，也没有任何证据证明募集的资金真实投入到了某个股权项目，合同中还约定了保底条款，所以从性质上看，涉案的合同不具备私募基金合同的构成要件，而属于名为私募投资、实为民间借贷合同的情形。

（五）本案合同不存在无效的事由

被告何雅如辩称合同无效，理由是基金产品未进行备案登记，原告并非私募的合同投资者，且合同中有保底条款，违反了有关私募监管的规定。法院认为，就本案而言，承前述分析已认定合同性质为民间借贷，故不存在合格投资者、基金产品未备案以及保底条款问题，也不存在其他导致合同无效的事由。

在此不妨稍作延伸分析，假设原、被告双方的私募基金合同成立，那么原告的非合格投资者情况、基金产品未备案登记以及保底条款的情形，是否将如被告何雅如所辩称的因违反《私募监管暂行办法》中有关强制性规定而导致合同无效？本院认为，对合同效力的判断应以《合同法》的规定作为依据。《合同法》第五十二条规定：“有下列情形之一的，合同无效：（一）一方以欺诈、胁迫的手段订立合同，损害国家利益；（二）恶意串通，损害国家、集体或者第三人利益；（三）以合法形式掩盖非法目的；（四）损害社会公共利益；（五）违反法律、行政法规的强制性规定。”对照本案可知，没有符合前四种情形，需稍加分析的是本案是否存在符合第五种情形的情况。第五种情形规定，“违反法律、行政法规的强制性规定”将导致合同无效。通说认为，强制性规范还应当进一步区分为效力性规范和管理性规范，只有违反效力性强制性规定的合同直接无效。《最高人民法院关于适用〈中华人民共和国合同法〉若干问题的解释（二）》第十四条将《合同法》第五十二条第（五）项中的“强制性规定”明确为效力性强制性规定。应当指出的是，《合同法》第五十二条列举的第五种情形明确了“强制性规定”的法律渊源层级为法律和行政法规，即该强制性规定必须是全国人民代表大会或全国人大常委会制定的法律以及国务院制定的行政法规，国务院下属部门制定的部门规章并不包括在内。假设本案基金合同成立的话，其所违反的强制性规定是证监会制定的《私募监管暂行办法》，属于部门规章，不属于法律或行政法规，在强制性规定的效力层级上不符合《合同法》第五十二条第五种情形规定，因此不能直接导致合同无效。当然，未导致合同无效不等于不存在问题，基金公司的行为违反部门规章的，将受到监管部门的行政处罚，承担行政违法的责任。

综上所述，原告与被告骏业基金之间的合同关系名为私募投资，实为民间借贷，合同中约定的一年认购存续期应视为借款期间，借款期限届满后，被告骏业基金应向原告返还40万元款项。

二、关于单方担保函的效力问题

本案名为私募投资，但没有任何证据可证明被告骏业基金募集的资金真实投入到某个具体股权项目，其实质是打着私募的口号进行借款，即民间借贷。根据被告何雅如的自述，何雅如还作为募集资金的监管人，实际上部分参与了这种名义上的募集事宜，故而在原告与被告骏业基金签订合同之前，何雅如以自有的9套房产向有意认购基金的非特定投资者作了担保。被告何雅如则辩称其担保为从合同，主合同无效，担保合同也无效，其无需承担担保责任。前文已论述主合同不存在无效的问题，在此不再赘述。下面围绕担保关系是否合法有效、何雅如应承担何种担保责任两个方面展开分析。

（一）担保关系是否合法有效

法院认为，被告何雅如向原告出具了单方签署的担保函，产生了担保从合同的功能，构成非典型担保合同关系，该合同合法有效。

1. 从意思表示层面看，该担保函系何雅如真实意思表示，被告何雅如首先出具单方签署的担保函，相当于给出要约，当包括原告在内的名义上的投资者签订合同后，就相当于作出了承诺，由此构成了封闭完整且要件齐备的意思表示，这种先由担保方出具担保性要约的形式不违反法律法规禁止性的规定。

2. 何雅如出具担保函的目的在于提高合同相对方的信心、降低对方顾虑，以促成更多的合同，合同签订意味着其目的就已达到，根据权利义务相一致的原则，何雅如作为被告骏业基金的项目合作者，享有合同成功签订的成果，自然也应当担负起担保函确定的义务。

3. 被告何雅如与原告之间担保关系的性质属于非典型担保合同关系。最高人民法院高级法官王闯博士在《冲突与创新——以物权法与担保法及其解释的比较为中心而展开”一文》[①] 中，对我国担保法律体系和框架作了基本概括：物的担保、人的担保、金钱担保以及非典型担保。其中，物的担保包括约

---

① 王闯：《冲突与创新——以物权法与担保法及其解释的比较为中心而展开》，载最高人民法院民事审判第二庭编：《民商事审判指导》2007年第2辑。

定担保物权（抵押权、质权、最高额抵押、最高额质权）和法定担保物权（留置权、法定抵押权）。人的担保即保证制度，金钱担保包括定金、押金、保证金等。非典型担保顾名思义是指《担保法》《物权法》及其他法律、行政法规没有明确列举的担保类型。本案中被告何雅如提供的担保就属于非典型担保的类型，其主要特点：一是担保的对象是不特定的，涵盖全部名义上的私募基金投资者；二是担保财产是主债务人即被告骏业基金以外的第三人的不动产；三是用于担保的不动产未作抵押登记。

4. 何雅如出具的担保函时间早于基金合同即主合同，这种预先设立的担保法律没有禁止性规定，应属有效。我国《物权法》《担保法》只是规定了主债权债务合同无效，担保合同无效，对于为将来债权提供担保的担保合同的效力并未作出禁止性规定。《担保法》第五条甚至规定："担保合同另有约定的，按照约定。"因此，虽然何雅如的担保函是2015年8月20日出具的，而主合同基金合同是在2015年8月31日成立的，担保函出具时间早于主合同，但没有违反法律禁止性规定，担保合同依然是有效的。最高人民法院在武汉世纪宏祥物业管理有限公司与湖北莲花湖旅游发展有限责任公司借款担保合同纠纷一案①的终审判决书中认为："因先设定抵押权后订立主债权合同是双方当事人之间的真实意思表示，现行法律亦无抵押权不得先于主债权的禁止性规定，故对莲花湖旅游公司以抵押权从属于主债权，抵押权不能先于主债权设定为由，主张抵押无效的意见，本院不予支持。"

（二）被告何雅如应承担何种担保责任

如前所述，原告与被告何雅如之间的担保合同关系是合法有效的，故在主合同债务未履行的情况下，原告主张被告何雅如承担连带担保责任于法有据，但是原告要求对被告何雅如所列担保之不动产享有优先受偿权缺乏事实和法律依据。

1. 抵押权未设立。《物权法》第一百八十条第一款规定："债务人或者第三人有权处分的下列财产可以抵押：（一）建筑物和其他土地附着物；（二）建设用地使用权；（三）以招标、拍卖、公开协商等方式取得的荒地等土地承包经营权；（四）生产设备、原材料、半成品、产品；（五）正在建造的建筑物、船舶、航空器；（六）交通运输工具；（七）法律、行政法规未禁止抵押的其他财产。"被告何雅如用以担保的财产是其自有的不动产，属于上述法律规定需要办理抵押登记的范围。《物权法》第一百七十九条规定："为担保债务的履行，债务人或者第三人不转移财产的占有，将该财产抵押给债权人的，债务

① 最高人民法院（2012）民二终字第56号民事判决书。

人不履行到期债务或者发生当事人约定的实现抵押权的情形，债权人有权就该财产优先受偿。”可见，抵押权实质上就意味优先受偿权。《物权法》第一百八十七条第一款规定：“以本法第一百八十条第一款第一项至第三项规定的财产或者第五项规定的正在建造的建筑物抵押的，应当办理抵押登记。抵押权自登记时设立。”据此可知，抵押权的设立始于抵押登记。但是，作为基金投资者之一的原告与被告何雅如并未约定担保函所涉房产进行抵押，双方也没有实际去办理抵押登记手续。事实上，基于担保对象的不确定性因素，在主合同签订以前，作为担保人的何雅如无法办理抵押登记手续。理论上说，在主合同签订以后，具体的投资者已经确定了，被告何雅如可以和具体的投资者一起去办理抵押登记，但是双方没有去办理抵押登记。因此，在未经抵押登记的情形下，抵押权没有依法设立，原告要求对涉案担保房产享有优先受偿权，于法无据。

2. 被告何雅如应当承担连带担保责任。《物权法》第十五条规定：“当事人之间订立有关设立、变更、转让和消灭不动产物权的合同，除法律另有规定或者合同另有约定外，自合同成立时生效；未办理物权登记的，不影响合同效力。”可见，物权变动的原因行为是独立于物权变动的结果行为的，抵押未登记导致了抵押权未有效设立，但并不影响担保合同发生效力。也就是说，没有办理不动产抵押登记并不意味着担保合同不生效，没有进行抵押登记的抵押物不意味着就不是担保财产。在本案中，被告何雅如为被告骏业基金的主债务提供了以单方担保函为外观形式的非典型担保，在本质上相当于被告何雅如承诺作为主债务的保证人，因此，当主债务履行期限届满后，原告作为权利人有权要求担保人何雅如对主债务承担连带清偿责任。最高人民法院在新疆石河子农村合作银行与刘峻瑞、步春华借款合同纠纷一案①中认为：“担保法关于不动产担保物权的设定必须履行登记手续的规定，系为贯彻公示原则以保护善意第三人的权益和交易安全，对公示原则的违反尚不构成为法律秩序和法律的基本价值所不容的行为，故对于未履行登记手续的抵押合同，其法律效力并非确定无效。为救济其法律效力的瑕疵，除可以通过补办登记手续这种方式加以补正使其发生法律效力外，还可以通过将其转换成为有效的担保行为，以节约交易成本，促进交易发展。根据民法基本原理，法律行为的转换是指原有行为如果具备替代行为的要件，并且可以认为当事人如果知道原有行为不生效力或无效将希望替代行为生效的，可以将原有行为转换为替代行为而生效。其制度趣旨在于不拘泥于法律行为的外观，而是在尊重当事人的真实意思的基础上，对交

① 最高人民法院（2015）民申字第2354号民事裁定书。

易做出新的评价，用一种适当的行为，以平衡当事人之间的利益。”最高人民法院在侯向阳与商都县众邦亿兴能源材料有限责任公司、韩福全等民间借贷纠纷一案[①]中也体现出相同的判决思路。因此，未办理不动产登记的抵押合同仍然有效，本案中担保人何雅如认为未办理抵押登记就无需承担任何担保责任于法无据。同时，从社会效果角度看，若本案仅机械适用法律判定涉案担保房产因未进行抵押登记而不发生任何法律效力，从而担保人何雅如不需承担担保责任，这一结果将会明显背离一般社会大众的公平认知，也背离了民事活动中应遵循的诚实信用原则。

3. 被告何雅如的担保责任范围问题。如前所述，被告何雅如为主债务提供了以单方担保函为形式的非典型担保，在本质上相当于被告何雅如承诺作为主债务的保证人，但是何雅如保证的范围不是如通常的保证一样以保证人所有财产为限，而是以担保函载明的不动产的价值范围为限。何雅如的担保函记载：“……愿意提供购买价格为4089854 元的如下房产……为……价值保障”，何雅如在函中明确了担保财产为不动产，但也同时提到了不动产的价格。本院认为，价格并非是担保范围，而是作为担保不动产的价值参考，担保人的担保范围应以担保不动产的价值为限。另外，根据已查明的事实，涉案的以“粤融进取 5 号股权投资基金”的名义募集的资金总额为 2. 75 亿元，被告何雅如以其名下的 9 套不动产向包括原告在内的众多权利人出具统一的担保函，鉴于募集总额和担保财产在价值上的不匹配性（募集总额远超担保不动产的价值），相应地，该担保函对于本案原告而言也不具有唯一性和优先性。

综上，作为担保人的被告何雅如应当承担的担保责任是在其担保函载明的 9 套不动产价值的范围内，对被告骏业基金的债务承担连带清偿责任。《担保法》第三十一条规定：“保证人承担保证责任后，有权向债务人追偿。”被告何雅如承担担保责任后，有权向主债务人被告骏业基金追偿。

三、关于刑民交叉的问题

被告何雅如认为，本案涉嫌非法集资甚至诈骗犯罪，不属于民事诉讼范畴，民事案件应该中止审理，移交公安机关处理。事实上，涉及经济领域的纠纷，常常会出现刑民交叉的问题。通说认为，刑民交叉案件是指案件性质既涉及刑事法律关系，又涉及民事法律关系，相互间存在交叉、牵连、影响的案件，或者根据同一事实所涉及的法律关系，短时难以确定是刑事还是民事法律

---

① 最高人民法院（2015）民申字第 3299 号民事裁定书。

关系的案件。在改革开放的前期，执法机关在处理刑民交叉案件时普遍秉持先刑后民的理念，近年来，随着理论研究和实践的深入，开始转向刑民并行。1985 年和 1987 年，最高人民法院、最高人民检察院、公安部三机关先后发布了《关于及时查处在经济纠纷案件中发现的经济犯罪的通知》和《关于在审理经济纠纷案件中发现经济犯罪必须及时移送的通知》，要求司法机关在处理刑民交叉问题中遵循“先刑后民”规则。1998 年最高人民法院颁行了《关于在审理经济纠纷案件中涉及经济犯罪嫌疑若干问题的规定》，首次确立了民、刑案件可以分别受理、审理的原则。但是，在理念上，刑事优先在实践中仍占主流。客观上讲，刑事案件确认的部分事实可以直接确认为民事审判查明的事实，这有助于民事法官对当事人责任承担方面的定性和处理。但是，先刑后民的处理方式容易导致对当事人权益的忽视。大量实践表明，先刑后民的“一刀切”模式无法妥善解决各种社会冲突。在现代社会，公益和私权同样重要，一味要求公益优先、私权劣后不仅不符合公平原则，而且在实践中很容易变形走样，民商事案件被刑事化，民商事案件当事人合法权益难以受到保护。2015 年 8 月最高人民法院出台了《关于审理民间借贷案件适用法律若干问题的规定》，再次明确了刑民并行的理念。该司法解释第五条第一款规定：“人民法院立案后，发现民间借贷行为本身涉嫌非法集资犯罪的，应当裁定驳回起诉，并将涉嫌非法集资犯罪的线索、材料移送公安或者检察机关。”第六条规定：“人民法院立案后，发现与民间借贷纠纷案件虽有关联但不是同一事实的涉嫌非法集资等犯罪的线索、材料的，人民法院应当继续审理民间借贷纠纷案件，并将涉嫌非法集资等犯罪的线索、材料移送公安或者检察机关。”

如前所述，涉案合同性质属于名为私募基金，实为民间借贷，被告何雅如虽向佛山市公安机关报过案，但是公安机关认为该案是经济纠纷，不属于刑事管辖范畴而未受理。何雅如亦没有向法院提供更多的本案涉嫌犯罪的证据。因此，根据目前证据和庭审情况看，被告何雅如辩称本案涉嫌犯罪，法院中止审理或驳回起诉均缺乏事实和法律依据。

（**一审法院合议庭成员** 郭宁华 苏 峰 禹昆仑
二审法院合议庭成员 李 飞 付璐奇 易 静
编写人 广东省深圳前海合作区人民法院 郭宁华
责任编辑 杨 奕
审稿人 曹守晔）

冯东东诉中国平安财产保险股份有限公司天津分公司、天津金龙海化工有限公司等机动车交通事故责任纠纷案

——诉讼时效的起算点

关键词：民事　人身损害　诉讼时效　起算点

【裁判要旨】

人身损害需要经过医疗鉴定才能确定损失数额的，诉讼时效应自各项损失确定之日起算，即受害人知道其所遭受实际损失数额之日，不宜简单以受伤之日为起算点。

【相关法条】

《中华人民共和国民法通则》第一百三十六条　身体受到伤害要求赔偿的诉讼时效期间为1年。

第一百三十七条　诉讼时效的期间从知道或者应当知道权利被侵害时起计算。但是，从权利被侵害之日起超过20年的，人民法院不予保护。有特殊情况的，人民法院可以延长诉讼时效期间。

【案件索引】

一审：北京市第一中级人民法院（2017）京01民初94号（2017年2月27日）

【基本案情】

原告冯东东诉称：2015 年 11 月 21 日 7 时 40 分，被告李树田驾驶江淮牌小客车在津汉公路由南向北行驶至清河农场津汉公路 35 公里处（金钟河桥），因桥面结冰致使车辆失控滑入逆行，与由北向南正常行驶的原告冯东东驾驶的起亚牌小客车相撞，致使原告冯东东等 6 人受伤，起亚牌小客车前部损坏，江淮牌小客车碰撞后起火烧毁。北京市公安局清河分局交通大队以京清交字［2015］第 10 号道路交通事故认定书认定，李树田负全部责任，冯东东等 6 人均无责任。事后冯东东在中国人民武装警察部队后勤学院附属医院（以下简称武警医院）救治。江淮牌小客车的所有人为被告天津金龙海化工有限公司（简称金龙海公司），该车在中国平安财产保险股份有限公司天津分公司（简称平安保险公司）投保了机动车交通事故责任强制保险和 50 万元商业第三者责任保险，事故发生在保险期内。故依法提起诉讼，请求：（1）被告天津分公司在机动车交强险和商业第三者责任险范围内赔偿原告损失 272220 元，具体包括医疗费 74714. 17 元、误工费 83843. 8 元、护理费33537. 5元、交通费 1000 元、住院伙食补助费 2100 元、营养费 12000 元、残疾赔偿金 41138 元、被扶养人生活费 9486. 6 元、精神损害抚慰金 1 万元、鉴定费 4400 元，不足部分，由被告金龙海公司、李树田承担赔偿责任；（2）诉讼费用由被告承担。

被告平安保险公司辩称：对事故经过和责任认定没有意见，原告在我公司投保了交强险和 50 万元商业第三者责任险，并不计免赔。应扣除原告医疗费中的非医保用药，原告主张的相关误工费、护理费的计算有问题，应按天津市相关标准进行计算，相关证据不足以证明其损失情况。原告起诉超过了诉讼时效。

被告金龙海公司辩称：对事故经过、事实认定、交通事故认定书及原告的起诉没有异议。

被告李树田辩称：对事故经过、事实认定没有异议。

法院经审理查明：2015 年 11 月 21 日 7 时 40 分，被告李树田驾驶江淮牌小客车在津汉公路由南向北行驶至清河农场津汉公路 35 公里处（金钟河桥），因桥面结冰致使车辆失控滑入逆行，与由北向南正常行驶的原告冯东东驾驶的起亚牌小客车相撞，致使原告冯东东等 6 人受伤。北京市公安局清河分局交通大队于 2015 年 11 月 30 日出具京清交认字［2015］第 10 号道路交通事故认定书，认定李树田负全部责任，冯东东等 6 人均无责任。事故发生后，冯东东在武警医院接受救治，于2015年12月12日出院。出院诊断：左股骨骨折、左髌骨骨折、右膝开放性外伤、头皮挫伤、胸部软组织挫伤。出院医嘱：（1）患肢不负重功能锻炼，避免剧烈活动；（2）术后8～12周复查，视骨折愈合情况指导进一步功能锻炼；（3）病情变化随诊。经中天司法鉴定中心对冯东东的伤残等级、误工期、护理期、营养期进行鉴定，该中心于2016年12月1日作出中天司鉴中心［2016］临鉴字698号法医临床鉴定意见书，鉴定意见为：被鉴定人冯东东左股骨干骨折行内固定术的伤残等级为十级，赔偿指数为10%。被鉴定人冯东东的误工期评定至伤残评定前1日，护理期评定为150日，营养期评定为120日。冯东东支出鉴定费4400元。原告冯东东育有一子冯某某，冯某某于2010年12月23日出生，冯某某由冯东东和李桂敏二人抚养。

另查，江淮牌小客车的所有人为被告金龙海公司，该车在平安保险公司投保了机动车交通事故责任强制保险和50万元商业第三者责任保险，并投保不计免赔险，本事故发生在保险期间内。李树田驾驶事故车辆系履行职务行为。

【裁判结果】

北京市第一中级人民法院于2017年2月27日作出（2017）京01民初94号民事判决：一、被告中国平安财产保险股份有限公司天津分公司在机动车交通事故责任强制保险责任限额内赔偿原告冯东东医疗费、误工费、护理费、精神损害抚慰金、住院伙食补助费、营养费、残疾赔偿金共计12万元；二、被告中国平安财产保险股份有限公司天津分公司根据第三者责任商业保险赔偿原告冯东东医疗费、残疾赔偿金、交通费共计90849.72元；三、被告天津金龙海化工有限公司赔偿原告冯东东鉴定费4400元；四、驳回原告冯东东的其他诉讼请求。判决作出后，双方当事人均未上诉，该判决已发生法律效力。

【裁判理由】

法院生效判决认为：本案争议焦点为诉讼时效、原告冯东东主张的各项损失是否应予赔偿和相关费用的计算标准与金额是否适当的问题。

一、关于本案的诉讼时效问题

被告平安保险公司抗辩原告冯东东提起本案诉讼，已超过诉讼时效。根据法律规定，身体受到伤害要求赔偿的诉讼时效期间为1年。原告冯东东于

2015 年 11 月 21 日身体受到伤害后，被送往武警医院进行救治，于 2015 年 12 月 12 日出院。出院医嘱明确，术后 8～12 周复查，病情变化随诊。冯东东出院后按医院要求多次进行复查，中天司法鉴定中心出具法医临床鉴定意见书的时间为 2016 年 12 月 1 日，冯东东最初向法院提交起诉材料的时间为 2016 年 11 月 15 日，后又于 2016 年 12 月 15 日向法院补充提交起诉材料。针对人身损害案件诉讼时效起算点的认定，不宜简单将受害人受伤时间作为诉讼时效的起算点。就本案而言，诉讼时效起算点的时间应在冯东东受伤接受救治基本结束，各项损失情况明确后开始计算诉讼时效起算点。据此，原告冯东东的起诉并未超过诉讼时效。被告平安保险公司的抗辩意见不能成立，法院不予支持。

二、关于原告冯东东的损失认定问题

法院认定原告冯东东因交通事故导致的合理损失如下：医疗费用 74714.17 元、误工费 43150.68 元、护理费 17260.27 元、交通费 1000 元、住院伙食补助费 2100 元、营养费 12000 元、残疾赔偿金 41138 元、被扶养人生活费 9486.6 元、精神损害抚慰金 1 万元、鉴定费 4400 元，共计 215249.72 元。

三、关于原告冯东东各项损失的赔偿责任承担问题

《侵权责任法》第十六条规定："侵害他人造成人身损害的，应当赔偿医疗费、护理费、交通费等为治疗和康复支出的合理费用，以及因误工减少的收入。造成残疾的，还应当赔偿残疾生活辅助具费和残疾赔偿金。"李树田驾驶江淮牌小客车与冯东东驾驶的起亚牌小客车发生交通事故，导致冯东东遭受人身损害，冯东东依法享有请求赔偿义务人赔偿经济损失的权利。《道路交通安全法》第七十六条第一款规定："机动车发生交通事故造成人身伤亡、财产损失的，由保险公司在机动车第三者责任强制保险责任限额范围内予以赔偿；不足的部分，机动车之间发生交通事故的，由有过错的一方承担赔偿责任。"《最高人民法院关于审理道路交通事故损害赔偿案件适用法律若干问题的解释》第十六条规定："同时投保机动车第三者责任强制保险和第三者责任商业保险的机动车发生交通事故造成损害，当事人同时起诉侵权人和保险公司的，人民法院应当按照下列规则确定赔偿责任：（一）先由承保交强险的保险公司在责任限额范围内予以赔偿；（二）不足部分，由承保商业三者险的保险公司根据保险合同予以赔偿；（三）仍有不足的，依照道路交通安全法和侵权责任法的相关规定由侵权人予以赔偿。"江淮牌小客车在平安保险公司处投保了机动车交通事故责任强制保险和 50 万元商业第三者责任保险，并不计免赔。该

起事故发生在保险期间内，平安保险公司应先行在机动车第三者责任强制保险和第三者责任商业保险责任限额内承担保险理赔责任，不足部分由侵权人承担赔偿责任。《最高人民法院关于审理人身损害赔偿案件适用法律若干问题的解释》（以下简称《人身损害赔偿解释》）第八条规定，法人或者其他组织的法定代表人、负责人以及工作人员，在执行职务中致人损害的，由该法人或者其他组织承担民事责任。李树田驾驶事故车辆发生交通事故系履行职务行为，故应由金龙海公司承担保险理赔不足部分的赔偿责任，李树田不承担赔偿责任。关于鉴定费用的责任承担问题，被告平安保险公司认为此款项不属于保险赔偿范围，被告金龙海公司、李树田认为应由平安保险公司承担。因该笔费用系在诉讼过程中产生，并非交通事故导致的直接人身损害和财产损失，故应由金龙海公司承担鉴定费用。平安保险公司的抗辩意见成立，一审予以支持。金龙海公司、李树田的抗辩意见，缺乏依据，一审不予支持。

据此，被告平安保险公司在交强险责任限额内赔偿原告冯东东：医疗费1万元、误工费43150.68元、护理费17260.27元、精神损害抚慰金1万元、住院伙食补助费2100元、营养费12000元、残疾赔偿金25489.05元、共计12万元。超出交通事故责任强制保险责任限额的部分，由天津分公司根据商业三者险合同赔偿原告冯东东：医疗费64714.17元（74714.17元－10000元）、残疾赔偿金15648.95元（41138元－25489.05元）、交通费1000元、被扶养人生活费9486.6元，共计90849.72元。金龙海公司赔偿原告冯东东鉴定费用4400元。

【案例注解】

我国现行诉讼时效制度对人身权的保护仍不够完备。具体来讲，现行法律对人身损害赔偿纠纷的诉讼时效期间、起算点、溯及力等问题的规定不清晰，仍存争议。本案中，诉讼时效问题成为争议焦点之一。

一、人身损害赔偿纠纷案件的诉讼时效期间

我国法律关于诉讼时效的规定。《民法通则》第一百三十五条规定："向人民法院请求保护民事权利的诉讼时效期间为2年，法律另有规定的除外。"此表明通常情况下，普通诉讼时效期间为2年。《民法通则》第一百三十六条第（一）项规定，对身体受到伤害要求赔偿的诉讼时效期间为1年。特别法中还有例外规定。《环境保护法》第六十六条规定，提起环境损害赔偿诉讼时

效期间为 3 年，从当事人知道或者应当知道其受到损害时起计算。《产品质量法》第四十五条第一款规定，因产品存在缺陷造成损害要求赔偿的诉讼时效期间为 2 年，自当事人知道或者应当知道其权益受到损害时起计算。《国家赔偿法》第三十九条规定第一款，赔偿请确认请求国家赔偿的时效为 2 年，自其知道或者应当知道国家机关及其工作人员行使职权时的行为侵犯其人身权、财产权之日起计算。《民用航空法》第一百三十五条规定，航空运输的诉讼时效期间为 2 年，自民用航空器到达目的地、应当到达目的地或者运输终止之日起计算。《保险法》第二十六条第二款规定，人寿保险的被保险人或者受益人向保险人请求赔偿或者给付保险金的诉讼时效期间为 5 年，自其知道或者应当知道保险事故发生之日起计算。此外，《民法通则》第一百三十七条规定了最长诉讼时效期间：诉讼时效的期间从知道或者应当知道权利被侵害时起计算。但是，从权利被侵害之日起超过 20 年的，人民法院不予保护。有特殊情况的，人民法院可以延长诉讼时效期间。自 2017 年 10 月 1 日起施行的《民法总则》第一百八十八条第一款规定，向人民法院请求保护民事权利的诉讼时效期间为 3 年，法律另有规定的，依照其规定。上述法条系对涉及人身损害赔偿纠纷诉讼时效期间的具体规定。

人身损害赔偿纠纷案件的诉讼时效期间。现阶段，人身损害赔偿纠纷的诉讼时效期间涉及两个阶段：《民法总则》施行之前和施行之后，即 2017 年 9 月 30 日之前（包括 30 日）和之后（不包括 30 日）。就本案例而言，受害人冯东东因交通事故受到伤害，一审法院于 2017 年 2 月 27 日作出生效判决，系《民法总则》施行之前涉及的诉讼时效期间，原审以 1 年作为该案的诉讼时效期间，系依据《民法通则》第一百三十六条的规定。而诉讼时效制度在《民法通则》和《民法总则》中均系专章予以规定的条款，《民法总则》施行之后，《民法通则》并未废止，《民法通则》第一百三十六条规定的 1 年短期诉讼时效属于诉讼时效一章下的一个条款，对此《民法总则》在诉讼时效一章中并未予以规定，可以认为《民法总则》取消了 1 年短期诉讼时效期间。故《民法总则》关于诉讼时效的规定应视为取代了《民法通则》的相应规定。因此，在《民法总则》施行之后不再适用《民法通则》第一百三十六条规定的 1 年诉讼时效期间。《民法总则》施行之后，涉及普通人身损害赔偿纠纷案件的诉讼时效应适用 3 年诉讼时效期间的规定。

二、普通人身损害赔偿纠纷诉讼时效的起算点

本案关于诉讼时效起算点的认定。本案系机动车交通事故责任纠纷，受害

人冯东东受伤进行住院治疗，之后经过伤残鉴定，确定伤残等级为十级。被告提出原告的起诉超过诉讼时效的抗辩意见。一审法院认定，诉讼时效起算点的时间应在冯东东受伤接受救治基本结束之日，或各项损失确定之日开始计算诉讼时效的起算点。

本案系在《民法总则》施行之前发生的机动车交通事故责任纠纷案件。按照《最高人民法院关于贯彻执行〈中华人民共和国民法通则〉若干问题的意见（试行）》（以下简称《民通意见》）第一百六十八条的规定，人身损害赔偿的诉讼时效期间，伤害明显的，从受伤害发生之日起算；伤害当时未曾发现，后经检查确诊并能证明是由侵害引起的，从伤情确诊之日起算。《民通意见》针对伤害明显的，规定从受伤害发生之日起计算诉讼时效。现实生活中，个别受害人进行治疗的时间就超过一年，诉讼时效的起算，如简单以交通事故发生之时作出诉讼时效的起算点，至诉讼时效期满时，受害人可能还无能力进行诉讼。以交通事故发生之时作出诉讼时效的起算点，往往不利于受害人合法权益的维护。而交通事故中，受害人遭受的人身损害通常较重，有些受害人可能因交通事故导致残疾。针对伤残，不进行伤残等级鉴定，无法具体确定损失数额，更无法提出明确的诉讼请求。本案受害人冯东东的损失包括医疗费、误工费、交通费、住院伙食补助费、营养费、被扶养人生活费、残疾赔偿金、精神损害抚慰金等损失，而其中的医疗费、误工费、营养费、被扶养人生活费、残疾赔偿金等损失，只有经过治疗、伤残等级鉴定之后才能确定相应损失数额。诉讼时效的起算应在受害人接受救治基本结束或各项损失确定之日，开始计算诉讼时效，此更利于受害人合法权益的维护。《人身损害赔偿解释》第十九条第二款规定，医疗费的赔偿数额，按照一审法庭辩论终结前实际发生的数额确定。器官功能恢复训练所必要的康复费、适当的整容费以及其他后续治疗费，赔偿权利人可以待实际发生后另行起诉。但根据医疗证明或者鉴定结论确定必然发生的费用，可以与已经发生的医疗费一并予以赔偿。第三十二条规定："超过确定的护理期限、辅助器具费给付年限或者残疾赔偿金给付年限，赔偿权利人向人民法院起诉请求继续给付护理费、辅助器具费或者残疾赔偿金的，人民法院应予受理。赔偿权利人确需继续护理、配制辅助器具，或者没有劳动能力和生活来源的，人民法院应当判令赔偿义务人继续给付相关费用五至十年。"从上述司法解释的规定可以看出，最高人民法院就人身损害赔偿案件涉及的人身损失，坚持就后续损失部分待损失实际发生后另行向法院起诉的原则。此体现了最高人民法院就受害人后续损失部分，坚持应在受害人知道实际损失数额之日开始计算诉讼时效的司法理念。

三、《民法总则》关于诉讼时效期间的溯及力

为更好地维护受害人合法权益，应准确界定债务人就诉讼时效的抗辩。参照《最高人民法院关于适用〈中华人民共和国合同法〉若干问题的解释（一）》有关诉讼时效条款的相关精神，《民法总则》有关诉讼时效期间的溯及力应按照“从旧兼从长”的原则来确定，即受害人之权利受到损害的事实发生在《民法总则》施行之前，诉讼时效期间在2017年9月30日之前已经届满的，债务人已经确定取得了不履行义务的诉讼时效抗辩权，该抗辩权不因《民法总则》的施行而消灭。但按照《民法通则》的规定，诉讼时效期间在2017年10月1日尚未届满的，债务人的诉讼时效抗辩权系在《民法总则》施行后产生，结合新法施行及新法关于诉讼时效的规定有利于保护受害人等因素，此时《民法总则》关于诉讼时效的规定应产生溯及力，不再适用《民法通则》的相关规定。就本案而言，受害人冯东东于2015年11月21日因交通事故受伤，于2015年12月12日经治疗出院，根据出院医嘱，又进行了一定周期复查，于2016年12月1日作出伤残鉴定，于2016年11月15日向法院提交起诉状。债务人就医疗费等损失的抗辩，诉讼时效期间为1年。而残疾赔偿金等费用，因该类损失系在伤残鉴定作出之后才能确定损失数额，该类损失的诉讼时效期间的起算点应在伤残鉴定作出之日，故残疾赔偿金的损失因诉讼时效期间在2017年10月1日尚未届满，该类损失的诉讼时效期间应为3年。据此，债务人就诉讼时效的抗辩不能成立。

【编后补评】

本案是北京市第一中级人民法院在《民法总则》制定期间审理、《民法总则》正式生效之前于2017年2月27日判决的。此案审理一般而言不涉及《民法总则》的适用问题。但《民法总则（草案）》对法官具有潜移默化的影响是毋庸置疑的，主审法官事后结合《民法总则》关于诉讼时效的规定作出比较分析是有实践意义的。

本案双方当事人争议焦点在于是否超过诉讼时效。受理法院根据《民法通则》和《人身损害赔偿解释》等，认定本案原告的起诉并不超过诉讼时效是正确的。作者对《民法总则》与《民法通则》的不同规定做了一些理论分析和深度思考，这在最高人民法院制定颁布诉讼时效如何衔接适用的司法解释之前还是很有实践意义的，其基本观点与最高人民法院之后的立场是大体一致的。

诉讼时效制度是民法的一项基本制度。《民法总则》对《民法通则》关于诉讼时效的规定进行了修改完善。随着《民法总则》自2017年10月1日起施行，由于前后两法规定的诉讼时效不同，立法机关没有制定民法总则施行细则，最高人民法院的司法解释相对滞后，导致许多法院在民事司法实务中，对如何正确适用民法总则诉讼时效制度存在较大争议，亟需统一司法裁判标准。

《最高人民法院关于适用〈中华人民共和国民法总则〉诉讼时效制度若干问题的解释》(法释〔2018〕12号，以下简称《民法总则诉讼时效解释》)于2018年7月2日由最高人民法院审判委员会第1744次会议通过，自2018年7月23日起施行。《民法总则诉讼时效解释》比较妥善处理了《民法总则》与《民法通则》关于诉讼时效长短不同规定的衔接问题，对于诉讼时效作出了一定的调整。该司法解释规定："民法总则施行后诉讼时效期间开始计算的，应当适用民法总则第一百八十八条关于三年诉讼时效期间的规定。当事人主张适用民法通则关于二年或者一年诉讼时效期间规定的，人民法院不予支持。民法总则施行之日，诉讼时效期间尚未满民法通则规定的二年或者一年，当事人主张适用民法总则关于三年诉讼时效期间规定的，人民法院应予支持。"

从《民法总则》进一步延长普通诉讼时效、不再规定1年特殊时效的立法旨趣看，结合后来的《民法总则诉讼时效解释》，本案受理法院当时适当从宽计算诉讼时效起点也是正确的选择。

(**一审法院合议庭成员**　李　斌　洪晓达　张垣平
编写人　北京市第一中级人民法院　李　斌
责任编辑　杨　奕
审稿人、补评人　曹守晔)

郑伯军诉蒲保岩民间借贷纠纷案

——还款金额抵扣的计算方法

关键词：民事　民间借贷　本金　利息　计算方法

【裁判要旨】

在借贷双方未约定偿还顺序的情况下，借款人虽有还款，但存在分批、未足额偿还的情形，对于每一笔还款，应分别根据还款时产生的利息，按照先冲抵利息后冲抵本金原则予以抵扣。在最后一笔还款数额不足以冲抵全部利息的情况下，应采用将还款数额折抵成还款天数的方法。

【相关法条】

《最高人民法院关于审理民间借贷案件适用法律若干问题的规定》第二十六条　借贷双方约定的利率未超过年利率24%，出借人请求借款人按照约定的利率支付利息的，人民法院应予支持。

借贷双方约定的利率超过年利率36%，超过部分的利息约定无效。借款人请求出借人返还已支付的超过年利率36%部分的利息的，人民法院应予支持。

第二十九条　借贷双方对逾期利率有约定的，从其约定，但以不超过年利率24%为限。

未约定逾期利率或者约定不明的，人民法院可以区分不同情况处理：

（一）既未约定借期内的利率，也未约定逾期利率，出借人主张借款人自逾期还款之日起按照年利率6%支付资金占用期间利息的，人民法院应予支持；

（二）约定了借期内的利率但未约定逾期利率，出借人主张借款人自逾期还款之日起按照借期内的利率支付资金占用期间利息的，人民法院应予支持。

【案件索引】

一审：北京市密云区人民法院（2016）京0118民初1992号（2016年9月6日）

二审：北京市第三中级人民法院（2016）京03民终11237号（2016年12月30日）

【基本案情】

原告郑伯军诉称：2011年4月25日，被告因买房向其借款2300万元，双方约定借款期限1～2个月，利率为月息8～10个点；同日，其将该笔借款2300万元给付被告；借款到期后，被告一直未还款；现诉于法院，要求：（1）判令被告偿还其借款本金2300万元及利息（以2300万元本金为基数，自2011年4月25日起至实际付清之日止，按照月利率3%计算）；（2）判令被告负担案件受理费。

被告蒲保岩辩称：借款属实；其已偿还了全部借款和利息，其和原告之间的债权债务业已消灭；不同意原告的诉讼请求。

法院经审理查明：2011年4月25日，蒲保岩为郑伯军出具借款单一张，双方约定蒲保岩向郑伯军借款2300万元，借款理由为买房，借款期限为1～2个月，利息为月利率8%～10%；同日，案外人师玉兰（郑伯军之妻）向蒲保岩转账2300万元；2013年4月4日，蒲保岩为郑伯军出具借条一张，内容为："今郑伯军借给蒲保岩人民币（大写）叁千五佰万元整（￥35000000.00），借款期限：2013年4月4日至2013年5月31日止（月息3分）。注：由2011年4月25号转来（2300万元整）（贰仟叁佰万元整）注：由2013年4月4号转来现金（壹仟贰佰万元整）。共计（叁仟伍佰万元整）。"蒲保岩在借款人处签字。庭审过程中，郑伯军主张，2013年4月4日借条中的3500万元中包括2011年4月25日的借款2300万元和该笔借款自2011年4月25日至2013年4月4日期间的利息1200万元；蒲保岩对该借条的真实性予以认可，但认为1200万元为该笔借款的固定利息。郑伯军起诉请求蒲保岩偿还借款本金2300万元及利息（以2300万元本金为基数，自2011年4月25日起至实际付清之日止，按照月利率3%计算）。

庭审过程中，蒲保岩主张其已还清全部本金及部分利息，尚欠利息710万元。蒲保岩主张的具体还款情况为：2011年8月23日还款74万元、2012年7月31日还款20万元、2012年8月27日还款50万元、2013年8月15日还款1000万元、2014年1月17日还款1000万元、2014年3月6日还款500万元、2014年11月28日还款290万元。郑伯军对于蒲保岩上述主张不予认可，并主张其与蒲保岩存有多笔交易，上述还款均系对双方其他债务的清偿，与本案无关。具体如下：对于蒲保岩主张其于2011年8月23日还款74万元、2012年7月31日还款20万元，郑伯军认为上述两笔款项系对双方发生于2011年3月15日借款97万元的清偿。对于蒲保岩主张其于2012年8月27日还款50万元系对双方发生于2012年7月18日借款50万元的清偿。对于蒲保岩主张其于2013年8月15日还款的1000万元是对双方发生于2010年7月21日借款1000万元的清偿。对于蒲保岩主张其于2014年1月17日还款的1000万元是对双方发生于2010年10月16日借款500万元和2011年1月6日借款500万元的清偿。对于蒲保岩主张其于2014年3月6日还款的500万元是对双方发生于2010年6月21日借款300万元、2010年9月11日借款50万元以及2010年1月27日借款150万元的清偿。对于蒲保岩主张其于2014年11月28日还款的290万元是对双方发生于2010年2月25日别墅欠款的清偿。

【裁判结果】

北京市密云区人民法院于2016年9月6日作出（2016）京0118民初1992号民事判决：蒲保岩偿还郑伯军借款2300万元及利息（以2300万元为基数，自2011年4月25日至实际付清之日止，按年利率24%计算，已支付利息94万元），限本判决生效之日起7日内执行。

宣判后，蒲保岩提出上诉：北京市第三中级人民法院于2016年12月30日作出（2016）京03民终11237号民事判决：一、撤销北京市密云区人民法院（2016）京0118民初1992号民事判决。二、蒲保岩偿还郑伯军借款17519923元及利息（以17519923元为基数，按年利率24%，自2014年8月20日计算至实际付清之日止），限本判决生效之日起7日内执行。三、驳回郑伯军的其他诉讼请求。四、驳回蒲保岩的其他上诉请求。

【裁判理由】

法院生效裁判认为：本案二审主要争议焦点有二：一是涉诉借款是否清偿；二是借款利息。

关于争议焦点一：借款的清偿问题。第一，对于蒲保岩主张的2013年4月4日之前的还款，法院认为并非对本案借款的清偿。理由如下：2011年4月25日，蒲保岩为郑伯军出具借款单一张，双方约定蒲保岩向郑伯军借款2300万元，同时约定了借款期限及利息；2013年4月4日，蒲保岩为郑伯军再次出具借条一张，约定郑伯军借给蒲保岩人民币3500万元，同时注明：由2011年4月25号转来2300万元，由2013年4月4号转来现金1200万元。从本案借款发生的时间来看，双方均认可2013年4月4日的借条是对2011年4月25日借条中的2300万元借款及其利息（有关利息理解的分歧下文详述）的再次确认。而蒲保岩主张的2013年4月4日之前的还款发生在借款再次确认之前，且双方均认可在2013年4月4日之前存在其他债务往来，因此，对于蒲保岩主张的2013年4月4日之前的还款无法认定为对本案借款的清偿。故对于蒲保岩二审中提出2012年8月25日还款50万元的主张不予支持。第二，蒲保岩在2013年4月4日双方再次确认借款之后的四笔还款应视为对本案借款的清偿。理由如下：郑伯军主张蒲保岩2013年8月15日还款的1000万元系对2010年7月21日1000万元借款的清偿，2014年1月17日还款的1000万元系对2010年10月16日500万元借款及2011年1月6日500万元借款的清偿，2014年3月6日还款的500万元系对2010年6月21日300万元借款、2010年9月11日50万元借款及2011年1月27日150万元借款的清偿。按照郑伯军的说法，蒲保岩的上述三笔还款距离债务发生至少三年以上，且数额巨大，没有利息既不符合常理，也不符合双方的交易习惯。进一步而言，2010年7月21日1000万元的借款单为郑伯军持有，上面有关还款票号的记载为郑伯军一方书写，形成时间无法确认，故对于郑伯军关于2013年8月15日的1000万元还款系对2010年7月21日1000万元借款的清偿的主张，不予采信。对于郑伯军主张蒲保岩于2014年1月17日还款的1000万元及2014年3月6日还款的500万元系对2010年10月16日500万元借款、2011年1月6日500万元借款、2010年6月21日300万元借款、2010年9月11日50万元借款及2011年1月27日150万元借款的清偿，由于双方在2013年4月4日之前存在多笔债务往来，郑伯军仅有转账记录，并不能充分证明蒲保岩的上述还款系对郑伯军所述债务的清偿。综上，法院对于郑伯军的上述主张均不予采信。关于郑伯军主张的其他债务往来情况，双方可另案解决。对于郑伯军主张2014年11月28日的290万元还款系对蒲保岩所欠别墅房款的清偿，因房款欠条没有原件，证人亦未出庭接受质证，法院对其该项主张亦不予采信。有关郑伯军所述别墅欠款一事，双方可另案解决。综上，蒲保岩上诉主张其于2013年8月15日还款的1000万元、2014年1月17日还款的1000万元、2014年3月6日还款的500万元、2014年11月28日还款的290万元共计2790万元均为对本案借款的清偿，法院予以支持。

关于争议焦点二：借款利息。二审庭审中，蒲保岩主张2013年4月4日双方经过协商，已将2300万元借款的利息固定为1200万元。郑伯军在一审庭审中主张2013年4月4日借条中的3500万元构成是2011年4月25日借款的2300万元加上2011年4月25日至2013年4月4日的利息1200万元（双方对账确定），总计为3500万元。法院认为，双方对于2013年4月4日借条的真实性均予认可，结合该份借条的内容，从字面意思理解双方并未将利息予以永久固定，而是对2011年4月25日至2013年4月4日期间产生利息的固定。故对于蒲保岩主张双方已将利息永久固定为1200万元的意见法院不予采信。虽然蒲保岩于2011年8月23日还款74万元、2012年7月31日还款20万元，但2013年4月4日的借条中双方已将2011年4月25日至2013年4月4日的利息固定为1200万元，故对于上述两笔还款不再予以抵扣。

当事人之间没有约定借款本金、利息清偿顺序的，应当先冲抵利息后冲抵本金。因本案中，蒲保岩与郑伯军就借款并未约定清偿顺序，故法院对蒲保岩的上述四笔还款（2013年8月15日1000万元、2014年1月17日1000万元、2014年3月6日500万元、2014年11月28日290万元）按照先冲抵利息后冲抵本金原则予以认定。

《最高人民法院关于审理民间借贷案件适用法律若干问题的规定》第二十六条规定，借贷双方约定的利率未超过年利率24%，出借人请求借款人按照约定的利率支付利息的，人民法院应予支持。借贷双方约定的利率超过年利率36%，超过部分的利息约定无效。借款人请求出借人返还已支付的超过年利率36%部分的利息的，人民法院应予支持。第二十九条第二款第（二）项规定，约定了借期内的利率但未约定逾期利率，出借人主张借款人自逾期还款之日起按照借期内的利率支付资金占用期间利息的，人民法院应予支持。依据上述规定，对于蒲保岩的上述四笔还款分别按照还款时产生的利息，先冲抵利息后冲抵本金原则予以认定，对于其已偿还的超过年利率36%部分的利息冲抵本金。

具体如下：

1. 2011 年 4 月 25 日至 2014 年 1 月 17 日，本金 2300 万元共产生利息 18509000 元（2011 年 4 月 25 日至 2013 年 4 月 4 日的利息为 1200 万元；2013 年 4 月 5 日至 2014 年 1 月 17 日的利息为 6509000 元）。故对于 2013 年 8 月 15 日还款的 1000 万元，应全部用于冲抵利息，冲抵利息后尚欠利息 8509000 元；对于 2014 年 1 月 17 日还款的 1000 万，冲抵利息 8509000 元后剩余 1491000 元冲抵本金。冲抵本金后尚欠本金 21509000 元。

2. 2014 年 1 月 18 日至 2014 年 3 月 6 日，本金 21509000 元共产生利息 1010923 元（已自愿支付的利息按照年利率 36% 计算），故对于 2014 年 3 月 6 日还款的 500 万元，冲抵利息 1010923 元后剩余 3989077 元冲抵本金。冲抵本金后尚欠本金 17519923 元。

3. 2014 年 3 月 7 日起，以 17519923 元为本金按照年利息 36% 的利息标准计算（已自愿支付的利息按照年利率 36%、日息 0.1% 计算），2014 年 11 月 28 日还款的 290 万元不足以偿还全部利息，按日计算后该 290 万元已偿还利息 166 天，偿还期间为 2014 年 3 月 7 日至 2014 年 8 月 19 日。

4. 剩余本金及利息。经上述核算，蒲保岩尚欠本金 17519923 元及利息（利息应自 2014 年 8 月 20 日开始，以 17519923 万元为本金按照年利息 24% 计算至实际付清之日）。

【案例注解】

民间借贷案件中除事实认定这一审判难点之外，利率的选择、利息的计算及还款金额的抵扣也是实务操作中的一大难题。本案则是涉及民间借贷案件数额计算问题的一个典型案例。

一、还款抵扣方法的选择

当借款数额巨大，借贷双方并未约定偿还顺序的情况下，借款人虽有还款，但存在分批、未足额偿还的情形，关于如何计算剩余本金及利息实践中存有争议。以本案为例，借款本金为 2300 万元，借款发生时间为 2011 年 4 月 25 日，约定利率为月息 3 分，其中 2011 年 4 月 25 日至 2013 年 4 月 4 日期间利息经双方协商固定为 1200 万元。还款时间及金额分别为：2013 年 8 月 15 日还款 1000 万元、2014 年 1 月 17 日还款 1000 万元、2014 年 3 月 6 日还款 500 万元、2014 年 11 月 28 日还款 290 万元。关于如何计算剩余本金及利息存在两种不同计算方法。

第一种计算方法为：将还款总额按照先冲抵本金所产生的利息总和后冲抵本金的原则进行抵扣。利息总和应从借款发生之日（2011 年 4 月 25 日）计算至最后一笔还款之日（2014 年 11 月 28 日）本金所产生的利息。具体计算如下：

2011 年 4 月 25 日至 2013 年 4 月 4 日期间的利息：1200 万元；

2013 年 4 月 5 日至 2014 年 11 月 28 日（最后一次还款日）期间的利息：1366.2 万元（1366.2 = 2300 × 0.36 × 1 + 2300 × 0.03 × 7 + 2300 × 0.03/30 × 24）；

利息总和：1200 + 1366.2 = 2566.2 万元；

还款总额：1000 + 1000 + 500 + 290 = 2790 万元；

剩余本金：2300 - （2790 - 2566.2） = 2076.2 万元。

按照此种计算方法，蒲保岩最终需要偿还郑伯军本金 20762000 元及利息（利息应自 2014 年 11 月 29 日开始，以 20762000 元为本金按照年利率 24% 计算至实际付清之日）。

第二种计算方法为：对于每一笔还款，分别根据还款时产生的利息，按照先冲抵利息后冲抵本金原则予以认定。具体计算见上文裁判理由部分，此处不再赘述。按照该计算方法，蒲保岩最终需偿还郑伯军本金 17519923 元及利息（利息应自 2014 年 8 月 20 日开始，以 17519923 元为本金按照年利息 24% 计算至实际付清之日）。

按照上述两种计算方法得出的数额存在较大差异，笔者认为第二种计算方法更为科学。第一种计算方法是用还款总额先冲抵本金产生的总利息后再冲抵本金，该方法计算起来相对简单便捷，但是当某一笔还款的数额足以冲抵本金时就会出现后续利息多算的问题。以本案为例，2014 年 1 月 17 日还款的 1000 万元，冲抵利息 8509000 元后剩余 1491000 元冲抵本金。冲抵本金后尚欠本金 21509000 万元。下一笔还款之日产生的利息就应当以 21509000 元为本金进行计算，而第一种方法实际上一律以 2300 万元为本金来计算利息，显然会导致利息多算。在后续的还款抵扣中由于上一笔利息多算，可能会导致原本应当冲抵本金的还款被用于偿还多算的利息，这样再下一笔还款时本金会变多，产生的利息也相应增加，如此循环下去，按照第一种计算方法会造成偿还债务一方需要多还本金及利息，这也是两种计算结果存在较大差异的原因。尤其在本案借款金额巨大、历时较长、利率较高的情况下，第一种计算方法会严重损害借款人的利益，造成实质不公。综上，第二种计算方法更为合理。

二、还款数额与还款天数的换算方法

当最后一笔还款不足以冲抵产生的利息时应当如何表述剩余本金及利息。以本案为例，2014 年 11 月 28 日最后一次还款为 290 万元，上一次还款的时间为 2014 年 3 月 6 日，折抵后本息后，2014 年 3 月 7 日起，剩余本金 17519923 元，该 290 万元不足以偿还截至 2014 年 11 月 28 日本金 17519923 元所产生的利息。那么对于如何计算并表述剩余本金及利息存在两种意见。在陈述两种意见之前，需要明确利率的标准。

《最高人民法院关于审理民间借贷案件适用法律若干问题的规定》第二十六条规定，借贷双方约定的利率未超过年利率 24%，出借人请求借款人按照约定的利率支付利息的，人民法院应予支持。借贷双方约定的利率超过年利率 36%，超过部分的利息约定无效。借款人请求出借人返还已支付的超过年利率 36% 部分的利息的，人民法院应予支持。根据该规定，本案中对于借款人自愿支付的利息应当按照月息 3 分（未超过年利率 36%）计算，对于借款人尚未支付的利息应当按照年利率 24% 计算。

第一种意见认为：2014 年 3 月 7 日起，以 17519923 元为本金按照年利息 36% 的利息标准计算至 2014 年 11 月 28 日，本金 17519923 元共产生利息 459 万元。2014 年 11 月 28 日偿还 290 万元冲抵利息后，尚欠利息 169 万元。剩余本金及利息的表述为：蒲保岩偿还郑伯军本金 17519923 元及利息（2014 年 11 月 28 日之前的利息为 169 万元。2014 年 11 月 28 日之后，以 17519923 元为基数按照年利率 24%，自 2014 年 11 月 29 日计算至实际付清之日止）。

第二种意见认为：由于 290 万元不足以偿还全部利息，故将 290 万元折抵成还款天数，计算公式为 1751.9923 万元 ×0.03 分/月 ÷30 天/月 × 还款天数 =290 万元，计算出还款天数为 166 天。即按日计算后该 290 万元已偿还利息 166 天，偿还期间为 2014 年 3 月 7 日至 2014 年 8 月 19 日。剩余本金及利息的表述为：蒲保岩偿还郑伯军本金 17519923 元及利息（以 17519923 元为基数按照年利率 24%，自 2014 年 8 月 20 日计算至实际付清之日止）。

笔者同意第二种意见。两种意见的主要区别在于对利息的计算及表述上。具体来说是对于 2014 年 8 月 20 日至 11 月 28 日这一时间段的利息计算有所不同。第一种意见实际上是将这一段的利息按照年利率 36% 进行计算得出。而第二种意见则是按照年利率 24% 计算这一时间段的利息。笔者认为第二种意见更为科学。第一种意见将已还的 290 万元冲抵利息后，剩余的利息其实是借款人未予偿还的部分，按照上文司法解释中有关利率的规定，自愿偿还的利息可以按照年利率36%进行计算，而未偿还的利息不能再按此利率计算，而应当以年利率24%为利息计算标准。但根据第一种意见中利息的计算方法，冲抵还款后剩余的利息169万元是按照年利率36%计算而来，这种计算方法显然会造成借款人需要多偿还利息，严重损害了当事人的利益，在判决主文的表述上也不够清晰明白。相对而言，在还款数额不足以冲抵全部利息的情况下，将还款数额折抵成还款天数的方法更为科学准确，在判决主文的描述上也较为清晰简洁。综上，二审判决中的计算方法是正确的。

（**一审法院合议庭成员** 徐征征 高青兰 季凤芹
二审法院合议庭成员 宋洪印 曹 炜 于洪群
编写人 北京市第三中级人民法院 于洪群
责任编辑 杨 奕
审稿人 曹守晔）

江勇诉中国农业银行股份有限公司个旧市支行、个旧市富祥工贸有限责任公司等第三人撤销之诉纠纷案

——无独立请求权第三人撤销之诉的资格认定

关键词：民事诉讼　第三人撤销之诉　无独立请求权第三人　利害关系

【裁判要旨】

有限责任公司的股东对公司作出的对外经营决策产生异议，应以公司法等法律规范寻求救济。股东以公司及相关主体作为被告提起第三人撤销之诉，其不属于有独立请求权的第三人，亦不属于“案件处理结果同他有法律上的利害关系”的无独立请求权第三人，其不能作为适格原告提起第三人撤销之诉。

【相关法条】

《中华人民共和国民事诉讼法》第五十六条　对当事人双方的诉讼标的，第三人认为有独立请求权的，有权提起诉讼。

对当事人双方的诉讼标的，第三人虽然没有独立请求权，但是案件处理结果同他有法律上的利害关系的，可申请参加诉讼，或者由人民法院通知他参加诉讼，人民法院判决承担民事责任的第三人，有当事人的诉讼权利义务。

前两款规定的第三人，因不能归责于本人的事由未参加诉讼，但有证据证明发生法律效力的判决、裁定、调解书的部分或者全部内容错误，损害其民事权益的，可以自知道或者应当知道其民事权益受到损害之日起六个月内，向作出该判决、裁定、调解书的人民法院提起诉讼。人民法院经审理，诉讼请求成

立的，应当改变或者撤销原判决、裁定、调解书；诉讼请求不成立的，驳回诉讼请求。

【案件索引】

一审：云南省红河哈尼族彝族自治州中级人民法院（2016）云25民撤4号（2016年12月21日）

二审：云南省高级人民法院（2017）云民终325号（2017年7月5日）

【基本案情】

原告（上诉人）江勇诉称，江勇为蒙自同德房地产开发经营有限公司（以下简称同德公司）的股东，占有46.5%的股权。2006年12月公司股东江俊通过伪造江勇的签名和手印，采取欺骗的违法犯罪手段，将江勇的股权变更在自己名下，并将公司由自然人出资有限责任公司变更为一人有限责任公司。江勇得知上述情况后，通过法律救济恢复了股权。江勇从另案生效判决得知，同德公司与中国农业银行股份有限公司个旧市支行（以下简称个旧农行）签订《最高额抵押合同》，用同德公司的商铺为个旧市富祥工贸有限责任公司（以下简称富祥公司）借款提供抵押担保。因被告富祥公司没有还款，个旧农行于2015年7月20日起诉富祥公司，并以双方签订的《最高额抵押合同》要求同德公司承担抵押担保责任。红河哈尼族彝族自治州中级人民法院（2015）红中民二初字第202号民事判决认定抵押合同有效，个旧农行对抵押物享有抵押权。同德公司为江勇与江俊等人持有股权的自然人有限责任公司，在没有江勇授权同意或股东会决议的情况下，江俊采取违法形式以同德公司为其一人公司的名义对外签订《最高额抵押合同》，与个旧农行恶意串通，以合法形式掩盖非法套取侵占同德公司资产的行为，严重损害了江勇作为同德公司股东的利益。故请求原审法院判令：（1）撤销红河哈尼族彝族自治州中级人民法院（2015）红中民二初字第202号民事判决书第二项，判决确认《最高额抵押合同》无效；（2）本案诉讼费用由个旧农行、富祥公司、同德公司、刘勇承担。

被告（被上诉人）个旧农行辩称：江勇的起诉不符合《民事诉讼法》第五十六条的相关规定，其已超过法定六个月的时间提起诉讼。生效判决认定事实清楚，适用法律正确，判决结果得当。应当驳回江勇的诉讼请求。

被告（被上诉人）富祥公司辩称：同德公司股东江俊当时办理抵押担保

提交的所有资料均是真实有效。

被告（被上诉人）同德公司辩称：江勇不是本案适格原告，其不属于有独立请求权第三人，也不是无独立请求权第三人；江勇的起诉超过法定六个月的除斥期间；同德公司为富祥公司提供的抵押担保合法有效。

被告（被上诉人）刘勇未发表意见。

法院经审理查明：2006 年 2 月 21 日，同德公司成立，股东由江俊、江勇、李雪梅构成，企业类型为自然人出资有限责任公司。2006 年 12 月 20 日，同德公司向蒙自市工商局申请变更登记，股东由江俊、江勇、李雪梅变更为江俊一人，法定代表人由李雪梅变更为江俊，公司类型由自然人出资有限责任公司变更为一人有限责任公司（自然人独资），2006 年 12 月 29 日蒙自市工商局核准变更登记。2012 年 12 月 20 日同德公司原股东江勇向蒙自市工商局提交《关于撤销江俊伪造公司文书违法变更“蒙自同德房地产开发经营有限公司、蒙自桥香园过桥米线餐饮文化有限公司”股权的申请书》，申请撤销 2006 年 12 月 29 日的核准登记，2013 年 1 月 8 日蒙自市工商局以蒙工商撤字（2013）01 号撤销行政许可决定书，决定撤销 2006 年 12 月 29 日核准的同德公司工商变更登记许可。2013 年 4 月 15 日同德公司向蒙自市人民法院提起行政诉讼，请求撤销蒙自市工商局作出的蒙工商撤字（2013）01 号撤销行政许可决定，经行政诉讼两审终审后，生效判决驳回了同德公司的诉讼请求。2015 年 6 月 9 日，蒙自市工商局核准工商登记，同德公司《内资企业登记基本情况表》记载股东由江俊、李雪梅、江勇构成。

2015 年 7 月 20 日，个旧农行因与富祥公司、同德公司、刘勇存在金融借贷关系，便以同德公司、富祥公司、刘勇为被告，向红河哈尼族彝族自治州中级人民法院提起民事诉讼，该院于 2015 年 7 月 21 日将起诉状副本、开庭传票等材料送达同德公司。个旧农行请求法院判令：（1）判令个旧农行与富祥公司于 2014 年 10 月 17 日签订的 530 × × × × × × × 号《流动资金借款合同》提前到期；（2）判令富祥公司偿还个旧农行借款本金人民币 1000 万元及到借款归还之日止的利息，利息从 2015 年 4 月 21 日开始计算，利率按合同约定执行；（3）判令个旧农行对同德公司提供抵押担保的蒙自市银河路 82 号同德商业文化中心商业用房 8 幢 1 ~2 层享有优先受偿权；（4）判令刘勇以其个人财产承担连带保证担保责任，代偿该贷款本息。经审理，红河哈尼族彝族自治州中级人民法院于 2015 年 12 月 2 日以（2015）红中民二初字第 202 号民事判决书作出前述判决，支持了个旧农行的诉讼请求。该判决书于 2016 年 1 月 5 日送达同德公司。该判决现已经生效。江勇称其于 2016 年 6 月才知道该判决结果，认为江俊违法变更同德公司股东登记情况，未经其同意，违法为富祥公司与个旧农行的借款提供抵押担保，现生效判决确认同德公司承担抵押责任，由此损害了股东江勇的利益。江勇于2016年8月15日以个旧农行、富祥公司、同德公司、刘勇为被告，向红河哈尼族彝族自治州中级人民法院提起第三人撤销之诉。

【裁判结果】

云南省红河哈尼族彝族自治州中级人民法院于2016年12月21日作出（2016）云25民撤4号民事判决：驳回江勇的诉讼请求。

宣判后，江勇不服上述判决，向云南省高级人民法院提出上诉。云南省高级人民法院于2017年7月5日作出（2017）云民终325号民事裁定：一、撤销云南省红河哈尼族彝族自治州中级人民法院（2016）云25民撤4号民事判决；二、驳回江勇的起诉。

【裁判理由】

法院生效裁判认为：第三人撤销之诉构成要件的前提是当事人具备提起该诉讼的主体资格，其主体条件为原诉审理程序中有独立请求权的第三人或无独立请求权的第三人。本案江勇作为同德公司的股东，认为同德公司为个旧农行与富祥公司的借款提供抵押担保未经其同意，经另案生效判决确认同德公司应承担相应抵押责任，因同德公司利益损失从而损害了股东江勇的股东权益。首先，江勇不是其诉请撤销的（2015）红中民二初字第202号民事判决中所涉《最高额抵押合同》的签约当事人，生效判决亦未要求股东江勇直接承担任何责任。显然，其不属于该另案金融借款合同纠纷有独立请求权第三人。江勇二审庭审中陈述，其在本案系作为无独立请求权第三人提起诉讼。《公司法》第三条规定："公司是企业法人，有独立的法人财产，享有法人财产权。公司以其全部财产对公司的债务承担责任。"有限责任公司的股东以其认缴的出资额为限对公司承担责任。江勇作为同德公司的股东，其人格权、财产权与同德公司相互独立，其与同德公司之间股东权益的法律关系和同德公司对外承担责任，两者并非法律意义上的利害关系。公司对外经营行为的效力并不取决于公司内部是否完善相关审核程序。如果股东认为公司经营行为侵害其利益，则只能依据公司内部自治规范，按照《公司法》的要求进行救济，公司股东不能直接否认公司对外作出的经营行为，否则公司的任何经营活动都将处于效力待定状态，从而导致整个经济秩序的混乱。综合本案事实来看，同德公司因另案承担责任与江勇作为股东权益受损不具有法律意义的利害关系，故本案江勇亦不属于“案件处理结果同他有法律上的利害关系”的无独立请求权第三人，其不能作为适格的原告提起第三人撤销之诉，本案依法应裁定驳回江勇的起诉。原审判决认定江勇具备原告诉讼主体资格系适用法律错误，应予纠正。

【案例注解】

第三人撤销之诉是针对人民法院的生效判决、裁定、调解书的内容错误，损害未参加原诉审理程序第三人合法权益的情形，赋予该第三人提起诉讼以撤销或者变更生效裁判保护自己权益的诉讼程序。审查第三人撤销之诉的法定构成要件，前提是当事人是否具备提起该诉讼的主体资格。按照《民事诉讼法》第五十六条的规定，其主体条件为原诉审理程序中有独立请求权的第三人或无独立请求权的第三人。两者区分的标志是诉讼标的，即当事人之间发生争议，请求法院裁判的民事法律关系。审判实践中，有独立请求权的第三人比较容易界定，而无独立请求权第三人则需视案件的具体情况具体分析，难以概括而论。就本案而言，江勇不是其诉请撤销的生效判决所涉系列合同的当事人，生效判决亦未认定江勇承担责任。对该生效判决中涉及的诉讼标的不享有独立请求权，其不能作为有独立请求权的第三人来主张撤销之诉；而作为无独立请求权第三人提起诉讼，法定条件是“案件处理结果同他有法律上的利害关系”。如何把握“法律上的利害关系”是认定当事人是否具备原告主体资格的难点。按照《公司法》的规定及基本原理：“公司是企业法人，有独立的法人财产，享有法人财产权。公司以其全部财产对公司的债务承担责任。”有限责任公司的股东以其认缴的出资额为限对公司承担责任。江勇作为同德公司的股东，其人格权、财产权与同德公司相互独立，其与同德公司之间股东权益的法律关系和同德公司对外承担责任，两者并非法律意义上的利害关系。同德公司对外担保行为的效力并不取决于其内部审批手续是否完备。江勇认为公司或是其他股东违法对外担保，其作为股东应通过公司内部自治规范，依照《公司法》相关要求进行救济。如赋予股东越过公司直接否认公司对外经营行为及决策的诉权，则不利于经济活动的有序与安定。第三人撤销之诉作为一种非常救济制度，其立法目的在于通过撤销错误的生效裁判最大限度地保护第三人利益。该制度的设立在很大程度上缘于侵害第三人利益的虚假诉讼频频发生、亟待予以遏制，这也是我国转型期社会特点的现实需求所致。然该制度的适用面临着如何在保护第三人利益与维护生效裁判既判力之间的平衡，以及如何避免对法律关系、交易安全和社会秩序的稳定形成不必要的冲突。因此，整个制度设计的核心围绕依法应优先保护何种主体的民事权利以及如何保护的问题而展开。第三人撤销之诉的启动可能对已经形成的法律关系产生冲击，作为一种非常救济制度，其审查应严格按照法律的规定进行，甚至对该制度的适用应秉持审慎的态度。审判实务中，该类案件的审理重点首先应放在审查原告是否具备提起第三人撤销之诉的主体资格上。有独立请求权的第三人，因其对诉讼标的具有独立的请求权，无论从实体要件还是形式要件，都比较容易审查判断。与有独立请求权的第三人相较，对于《民事诉讼法》第五十六条第二款规定的无独立请求权的第三人，在能否作为提起第三人撤销之诉的适格原告这方面的审查则不易把握。因为判断可以提起第三人撤销之诉的无独立请求权第三人的实质要件是“案件处理结果同他有法律上的利害关系”，原诉处理结果与无独立请求权人的这种利害关系实质是一种较为间接的关联，很难直观地判断出两者的联系；目前《民事诉讼法》及相关司法解释亦未就此作出明确的规定。准确认定“案件处理结果同他有法律上的利害关系”的实质内涵是第三人撤销之诉的审理难点。作为第三人撤销之诉适格主体，认定“法律上利害关系”应具备直接、必然、内在的关联。第三人撤销之诉并非针对案外人的唯一救济途径，应综合与之相衔接的再审制度、执行异议制度等，而非鼓励当事人直接以第三人撤销之诉作为救济手段。

（**一审法院合议庭成员** 杨海波 曾国忠 许卫国
二审法院合议庭成员 向 凯 王 超 汤莉婷
编写人 云南省高级人民法院 汤莉婷
责任编辑 杨 奕
审稿人 曹守晔）

商　事

朱樾诉天台县新金桥房地产经纪有限公司合同纠纷案

——民间股票配资中第三方资金监管人责任的认定

关键词：商事　股票配资　资金监管　民事责任

【裁判要旨】

股票市场上资金持有者和资金需求者通过一定的模式结合，共同委托第三方机构进行第三方资金监管，第三方监管人应当在监管权限内尽监管义务，否则应在其过错范围内承担相应的民事责任。

【相关法条】

《中华人民共和国合同法》第六十条　当事人应当全面履行自己的义务。

当事人应当遵循诚实信用原则，根据合同的性质、目的和交易习惯履行通知、协助、保密等义务。

【案件索引】

一审：浙江省天台县人民法院（2014）台天商初字第625号（2015年10月12日）

二审：浙江省台州市中级人民法院（2015）浙台商终字第1093号（2016年3月2日）

【基本案情】

原告朱樾诉称：2011 年 8 月 15 日，由原告作为乙方、被告作为丙及许赛平、潘灵敏作为甲方，签订了《资智配投资合作合同书》(以下简称《合作合同书》)，协议约定：由甲方出资 100 万元，乙方出资 30 万元，共同注入甲方开设的银行账户，由乙方在中国证券市场进行 A 股股票交易，丙方对账户资金进行监管，乙方向甲方支付固定回报并每月向丙方支付管理费，合作期满，甲方收回投资，丙方监管不力造成甲乙双方的资金损失，由丙方全额赔偿甲乙双方，协议期限为三个月。协议签订后，甲、乙双方按协议履行了自己的出资义务，乙方并按协议约定如数支付了甲方的固定回报和丙方的管理费。协议到期后，三方又自愿续签至 2012 年 5 月 15 日，三方签订了《资智配投资合作协议书》(以下简称《合作协议书》)。在协议履行过程中，由于被告监管不力，没有按照协议第三条第四款履行监管职责，允许原告继续利用该账户进行股票操作，致使协议到期后，该账户余额仅有 765257.23 元，与允许原告操作该账户股票警戒线 120 万元相差 434742.77 元。许赛平、潘灵敏从该账户中取回 765257.23 元。协议到期后，许赛平、潘灵敏起诉原告，要求原告归还剩余本金，经一审、二审判决原告归还许赛平、潘灵敏 234742.77 元，并支付相应利息。现诉至法院，请求判令：被告赔偿原告损失计 434742.77 元及利息损失。

被告天台县新金桥房地产经纪有限公司(以下简称金桥公司)辩称：(1) 原被告签订了《合作合同书》，其中第六条、第七条规定，被告监管资金账户的权利和义务，第四条载明合同存续期内原告拥有股票操作权买卖的权利，并自负盈亏；(2) 原告的交易亏损，被告不承担赔偿责任。首先，被告已尽到监管义务，对此出资方也予以认可。在出现警戒线以及平仓线的时候，被告多次要求原告补足保证金，原告一直没有补足。虽然原告没有补足，但各方依旧在履行义务。其次，根据合同约定，当出现警戒线以及平仓线时，被告作为第三方有阻止原告的操作权限，有权作出清仓处理。合同的表述是“有权”而不是“必须”，从表述来看被告方可以清仓，不终止不清仓并不违约，没有过错；(3) 协议第六条载明，警戒线、平仓线的监控本意是为了出资方的资金安全，并不是针对原告方的交易风险，被告一直在原告未补充保证金的前提下操作股票买卖。为此，被告认为原告的亏损是应有的股票交易所致，是一种正常的交易风险，而不是未平仓未终止原告的操作所引起的。

法院经审理查明：2011 年 8 月 15 日，许赛平、潘灵敏(甲方)与朱樾

(乙方)、金桥公司（丙方）签订《合作合同书》一份，三方约定由甲方出资100万元，乙方出资30万元。甲方开设证券账户，由乙方进行股票买卖操作，丙方进行监管。合同期限为2011年8月16日至2011年11月15日，甲方领取固定回报，丙方收取监管服务费，股票收益由乙方享有。合同第六条约定："丙方有权随时监控甲方资金资金账户的情况，乙方应随时配合丙方的监管。当乙方操作账户内的资产总值低于甲方出资总额的120%时，即户内资产总额低于人民币120万元时，即认为达到警戒线，丙方应立即提醒乙方，并同时短信通知乙方予以确认，乙方收到丙方通知后，必须重新补充风险保证金至甲方出资总额的125%以上，即账户总额高于125万元，方可继续操作甲方资金账户，否则丙方有权终止乙方对该账户的操作权限。当账户内的资产总值低于甲方出资总额的115%时，即账户内资产总额低于人民币115万元时，即认为达到平仓线，丙方有权对该账户内股票做清仓处理，以保证甲方的资金安全，本合同自动终止……"合同签订后，甲乙双方均出资到位。2011年11月15日，许赛平、潘灵敏（甲方）与朱樾（乙方）、金桥公司（丙方）签订《合作合同书》的补充协议一份，合同有限期延续至2012年2月15日。2012年2月15日，许赛平、潘灵敏（甲方）与朱樾（乙方）、金桥公司（丙方）签订《合作合同书》的补充协议一份，合同有限期延续至2012年5月15日。2012年5月15日，许赛平、潘灵敏（甲方）与朱樾（乙方）、金桥公司（丙方）签订《合作协议书》一份，合同第三条第4点载明："为保证资金运用的安全性，丙方有权随时监控合作交易账户的情况，乙方要随时配合丙方的监管，当乙方操作账户内的资产低于甲方出资总额的120%时，即户内资产总额低于人民币120万元时，即认为达到警戒线，丙方应立即提醒乙方，并同时短信通知乙方予以确认，乙方收到丙方通知后，必须重新补充风险保证金至甲方出资总额的125%以上，即账户资产总额人民币125万元，方可继续操作甲方资产，否则丙方有权终止乙方对该账户的操作权限。当账户内的资产总值低于甲方出资总额的115%时，即账户内资产总额低于人民币115万元时，即认为达到平仓线，丙方有权锁定交易账户，进行强制平仓，停止交易，本协议自动终止……"合同第三条第6点载明："丙方有义务保证甲乙双方的资金安全，如因丙方对资金账户的监管不力或因股东卡等相关资料保管不善而造成甲乙双方的资金损失，由丙方全额赔偿甲乙双方的损失。如乙方所持的股票出现连续跌停，导致丙方无法即时平仓而造成甲方本金的损失均由乙方承担，合同终止时，乙方须全额归还甲方出资总额。"合同到期后，甲方按照约定直接将证券账户资金余额取回，总额为765257.23元。

另查明：案外人许赛平、潘灵敏于2012年9月25日起诉来院，要求朱樾返还投资款。本院于2013年9月5日判决，朱樾归还许赛平、潘灵敏借款本金人民币234742.77元，并支付逾期还款利息。

【裁判结果】

天台县人民法院于2015年10月12日作出（2014）台天商初字第625号民事判决：被告天台县金桥房地产经纪有限公司应在本判决生效之日起10日内应偿付原告朱樾损失计人民币115422.83元，并赔偿利息损失（损失按中国人民银行规定的同期同档次贷款基准利率自2014年4月8日起计算至履行完毕之日止）。宣判后，原告朱樾提出上诉。台州市中级人民法院于2016年3月2日作出（2015）浙台商终字第1093号民事裁定，驳回上诉，维持原判。

【裁判理由】

法院生效判决认为：上诉人与被上诉人及案外人许赛平、潘灵敏签订《合作合同书》《合作协议书》及补充协议均合法有效。根据该协议约定被上诉人有权对上诉人与案外人许赛平、潘灵敏合作的股票交易账户进行监管，监管的目的是确保资金安全，尤其是确保不进行具体操盘的合同甲方的资金安全。上诉人系合同约定的股票具体操盘者，其本身有义务防范风险。被上诉人在上诉人具体操盘过程中，没有作出任何误导、阻碍其股票交易的行为。上诉人在履行合同中所出现的风险系其自身交易行为所引发，其不能请求他人对其自身行为所引发的风险承担责任，引发风险者应当自行承担风险。如果是合同甲方因风险导致财产损失向被上诉人主张权利，倒是符合合同约定的监管本意。原审法院判决由被上诉人承担30%，已经考虑相关因素给予上诉人一定程度的补偿，本院考虑到被上诉人未提起上诉，故对原审判决确定的损失赔偿比例予以维持。现上诉要求被上诉人承担全部损失，理由不能成立，本院不予支持。

【案例注解】

配资，是指提供资金一方以投资者所提供的原有资金为基础，根据双方协议而另行提供一定倍数比例的资金，供投资者进行股票、期货、股指或权证等业务操作，投资者需为所配资金缴付一定比例的利息或管理费。

经济生活中的融资活动种类很多，不仅包括公民之间、公民与企业之间以及企业之间等民事主体之间的一般借贷行为，也包括金融机构按照国家规定开展的融资业务。前者主要由《合同法》《担保法》等民事基础法律调整，而后者则往往由特别法及行政规章进行规范。证券期货经营机构开展的融资业务，如证券公司融资融券业务、债券质押式回购业务等，属于金融股机构开展的融资业务，具有常态经营、涉及面广、规模较大、专业性强、场内操作等特点，不同于一般借贷行为，需要对金融机构的注册资金、内部控制、风险防范、业务模式等作出特别规定，因而主要由《证券法》以及证券监督管理委员会（以下简称“证监会”）颁布的监管规定调整。

配资可分为场内配资和场外配资。场内配资是证券公司的融资融券业务；场外配资则是民间版本的融资业务的扩展，可以说是民间借贷的融资炒股业务，和券商旗下的融资业务相比，民间股票配资融资比例更高、收费更高、操作限制更少，是随着金融市场的发展应运而生的。而随着全民炒股的热潮掀起，民间股票配资业务也日趋频繁，配资模式也日趋多样，因配资产生的纠纷也日渐显现。此类纠纷产生时，主要涉及两方面的问题：一是配资合同是否有效；二是配资各方责任如何分担。

一、场外股票配资合约的有效性问题

场外股票配资合约是否有效，实践中存在两种不同的观点：一种观点认为：此类合约虽然表象上系双方当事人的真实意思，但因其违反法律的强制性规定而应当认定无效。《证券法》第一百四十二条规定：“证券公司为客户买卖证券提供融资融券服务，应当按照国务院的规定并经国务院证券监督管理机构批准。”这一规定包括两层含义：一是融资融券业务应当按照国务院的规定进行，融资融券的法律依据应当由国务院制定，而不能由国务院下属部门或者机构制定；二是证券公司从事融资融券业务应当经国务院证券监督管理机构批准。这说明融资融券是一项特许业务，而场外股票配资其本质是一种融资业务，因其未经证券监督管理机构批准无权从事融资业务，故违反法律的强制性规定而无效。

另一种观点认为：场外股票融资合约的内容是双方当事人的真实意思表示，且不违反法律、行政法规的禁止性规定。作为以维护意思自治、契约自由的民法，不能过多地干预当事人的私域范围。

本案中，原、被告及资金持有人签订同一份《合作协议书》，从中可以抽出两层法律关系；第一层是原告与许赛平、潘灵敏之间的资金供求关系，即案外人许赛平、潘灵敏签订合同是为了获取资金需求方占用资金期间形成的固定收益，而原告朱樾作为资金需求方其目的是为了获取投资资金并凭借自身经验通过自己在证券A股股市的操作获取盈利。此种资金供求关系本质是民间借贷的法律关系，其与一般民间借贷的区别在于借贷资金用途定向、收支透明；第二层是，原告朱樾与案外人许赛平、潘灵敏共同委托被告提供监管的服务，在约定的监管范围内行使监管义务并获取固定服务费，在案外人、原告与被告之间形成的是信托服务法律关系。被告在合同约定的条件成就时可强行平仓处置原告的债权以保障案外人的资金安全。综上，笔者认为，该合约的内容是各方当事人的真实意思表示，民间借贷合同及信托服务合同均不违反法律、行政法规的禁止性规定，故该形式的配资合同应当合法有效。

二、被告赔偿原告损失问题

被告应否赔偿原告损失，合议庭有两种意见。一种意见认为：被告未及时履行监管资金义务致原告损失扩大，应当承担次要责任，这也是合议庭的多数人意见。另一种意见认为：对扩大的损失，不应当承担责任，主要有三方面理由：第一，原告朱樾作为股票账户的直接操作者，账户资金的余额是否到达警戒线或平仓线应最早知晓，按照合同约定在到达警戒线后，朱樾应补仓后可继续操作账户，但实际其并未履行补仓义务，而是继续操作账户；第二，纵观合同全文，警戒线和平仓线的设定均为保证案外人许赛平、潘灵敏的资金安全，防止损失扩大，而非保证原告的股票收益；第三，账户金额最终低于合同约定，其原因在于股市的投资风险，与被告金桥公司是否履行通知义务或进行强制平仓并无直接关系。

笔者赞同第一种意见，分析如下：

（1）从投资风险角度看。证券市场中投资者蒙受损失的风险主要包括两大类：一类是外部客观因素所带来的风险；另一类是由投资者本人的主观因素所造成的风险。综观主、客观方面的风险，资金监管人的监管资金风险均未在其中，因资金监管人提供的是实时监控资金流向服务，并非控制股市风险，故股市风险衡量、防控均是投资人应当掌握的能力，投资人基于自身掌握的投资能力作出决断、处置的，应自行承担盈亏的结果。

（2）从风险因果联系角度看。如前文所述，股市风险除客观政策、经济因素及不可抗力事件外，投资人主观决策是风险主要原因力。股市风险不可避免，尤其是投资人判断失误时，凭借资金管理可使资金少受损失或不受损失。

而当资金管理外包给第三方时，第三方监管人获取固定服务费，也必然应当承担相应的合同义务。本案中，被告金桥公司作为第三方监管人，在原告朱樾操作的股票账户余额低至120万警戒线以及低至115万元平仓线时，未通知原告补交保证金亦未采取强制平仓措施，致损失进一步扩大。笔者认为，如果监管人及时强行平仓，可在一定程度上止损，但强行平仓是对风险结果的一种提早干预而非风险产生的原因力，故投资人朱樾的操作股市的风险仍应当由其自己承担主要责任，而金桥公司只需在其监管义务缺失致损失扩大的维度内承担次要承担。退一步讲，如果监管人对其监管义务缺失致损失扩大承担全部的赔偿义务，会导致监管人的权利义务不平衡，其获取的服务费远低于其可能承担的风险，也不利于保护资金持有者的资金安全，对资金需求者即投资人来说则是变相的转嫁股市风险，不利于民间股票配资的有序发展，故投资人仍应当对其判断失误的损失结果承担主要责任。

（**一审法院合议庭成员**　王光宇　丁其法　杨春芳
二审法院合议庭成员　钱为民　胡精华　王晓婷
编写人　浙江省天台县人民法院　王美俐
责任编辑　韩建英
审稿人　曹守晔）

知识产权

上海汉涛信息咨询有限公司诉北京百度网讯科技有限公司、上海杰图软件技术有限公司不正当竞争纠纷案

——未经许可大量使用其他网站的信息可构成不正当竞争

关键词： 不正当竞争　竞争关系　信息市场　实质替代

【裁判要旨】

1. 对信息使用市场竞争行为是否具有不正当性的判断应当综合考虑涉案信息是否具有商业价值，能否给经营者带来竞争优势，请求救济方获取信息的正当性、难易程度和成本付出，竞争对手使用信息的范围和方式等因素加以评判。

2. 未经许可大量完整使用点评信息达到实质替代程度的行为明显造成了对同业竞争者的损害。

【相关法条】

《中华人民共和国反不正当竞争法》第二条[①]　经营者在市场交易中，应

① 《反不正当竞争法》已由第十二届全国人大常委会第三十次会议于2017年11月4日修订通过，自2018年1月1日起施行。第二条已被修改为："经营者在生产经营活动中，应当遵循自愿、平等、公平、诚信的原则，遵守法律和商业道德。本法所称的不正当竞争行为，是指经营者在生产经营活动中，违反本法规定，扰乱市场竞争秩序，损害其他经营者或者消费者的合法权益的行为。本法所称的经营者，是指从事商品生产、经营或者提供服务以下所称商品包括服务的自然人、法人和非法人组织。"

当遵循自愿、平等、公平、诚实信用的原则，遵守公认的商业道德。

本法所称的不正当竞争，是指经营者违反本法规定，损害其他经营者的合法权益，扰乱社会经济秩序的行为。

本法所称的经营者，是指从事商品经营或者营利性服务（以下所称商品包括服务）的法人、其他经济组织和个人。

【案件索引】

一审：上海市浦东新区人民法院（2015）浦民三（知）初字第528号（2016年5月26日）

二审：上海知识产权法院（2016）沪73民终242号（2017年8月30日）

【基本案情】

原告上海汉涛信息咨询有限公司（以下简称汉涛公司）诉称：自2012年起，北京百度网讯科技有限公司（以下简称百度公司）未经许可，在百度地图、百度知道中大量使用大众点评网点评信息，直接替代了大众点评网向用户提供内容，给汉涛公司造成了巨额损失，其行为违背公认商业道德和诚实信用原则，构成不正当竞争。“大众点评”等标识属于知名服务特有名称，百度公司网站使用了上述标识，使得相关公众对服务来源产生误认，属于擅自使用知名服务特有名称的不正当竞争行为。2013年4月16日，百度地图官方微博在“叶立鹤”的微博中回复称：“亲我们现在是合作关系呀”，构成虚假宣传。上海杰图软件技术有限公司（以下简称杰图公司）与百度公司有深度合作关系，其将含有侵权内容的百度地图内嵌于自己网站中，扩大了百度公司的侵权范围，与百度公司构成共同侵权。请求判令：（1）百度公司、杰图公司立即停止不正当竞争行为；（2）百度公司、杰图公司共同赔偿汉涛公司经济损失9000万元及合理费用453470元；（3）百度公司、杰图公司在《中国知识产权报》及各自网站刊登公告，消除影响。

被告百度公司辩称：大众点评网为用户提供以餐饮为主的消费点评、消费优惠等业务，百度公司提供搜索服务，两者没有直接竞争关系。大众点评网中的用户点评绝大部分不属于作品，汉涛公司关于其对用户点评享有权益的主张无法律依据。大众点评网的robots协议未禁止百度搜索引擎访问其网站点评信息，百度公司仅有限地展现来自大众点评网的用户点评，且设置了指向大众点评网的链接，不会给汉涛公司造成损失。百度公司使用“大众点评”等标识，是为了标注信息的来源，不构成不正当竞争。百度公司在“叶立鹤”微博中的回复不是宣传行为。

被告杰图公司辩称：杰图公司街景地图没有使用大众点评网信息，涉嫌侵权的信息在百度地图上，杰图公司网站通过 API（应用程序编程接口）调用百度地图，杰图公司与百度公司不存在共同故意或过失。无论百度公司是否构成不正当竞争，杰图公司均不构成不正当竞争。

法院经审理查明：汉涛公司是大众点评网的经营者。百度公司提供电脑端的百度地图及适用于移动设备的百度地图。百度地图除了提供定位、地址查询、路线规划、导航等常用地图服务外，还为网络用户提供商户信息查询、团购等服务。百度地图也有点评功能，百度的注册用户可以对商户进行评论。汉涛公司举证的公证书主要涉及百度地图中餐饮类的数百家商户。公证书显示，此类商户大部分点评信息来源于大众点评网等网站，直接由百度地图用户撰写的点评数量不多。百度地图对于来源于其他网站的信息，标注了信息的来源，如对于来源于大众点评网的点评信息，标注“来自大众点评”等标识。此外，百度地图中的其他类型的商户也有大量来自大众点评网的点评信息。

早期版本的百度地图少量、部分使用大众点评网的用户点评。如（2013）沪卢证经字第 1047 号公证书载明，汉涛公司在 2013 年 4 月 12 日对百度地图 Android AUX 专版 3. 1. 0. 162 Build1061026 的内容进行公证时，商户“渝香情（丽园路店）”显示了 3 条来自大众点评网的点评信息，3 条信息下方有“到大众点评查看全部 653 条评论”的链接；对于已显示的 3 条信息，百度地图页面也未完整显示，每条点评信息后方有“查看全文”；点击“查看全文”，会启动手机中的浏览器，页面跳转至大众点评网的相关网面。后期版本的百度地图越来越多地使用大众点评网的用户点评，如汉涛公司在 2014 年 11 月 26 日对百度地图 Android7. 6 版进行公证时，商户“沧浪亭（马当路店）”有 31 条点评信息，商户“Scarpetta”有 90 条点评信息。上述点评信息中，大部分点评信息来源于大众点评网，且每条点评信息均予以全文显示。

百度知道（zhidao. baidu. com）是百度公司推出的另一个产品。百度知道中包括提问和回答，通常由一个百度用户提出问题，由其他一个或数个百度用户提供答案。当网络用户在百度知道搜索餐饮商户名称时，百度公司会直接向网络用户提供来自大众点评网的点评信息。如 2013 年 11 月 29 日进行公证时，在百度知道输入“四叶（三里屯店）”，搜索结果排第一的是标题为“四叶（三里屯店）怎么样百度知道”的内容，点击该搜索结果，跳转至百度知道

“四叶（三里屯店）怎么样”的页面，页面没有商户信息，只有点评信息，共有190条点评，全部来源于大众点评网。

杰图公司运营的城市吧街景地图（www. city8. com）向网络用户提供实景地图，该地图未向用户提供来自大众点评网的信息。该网站通过API调用了百度地图或腾讯地图。在城市吧街景地图网页，街景地图和百度地图在同一个页面展示。街景地图中没有被控侵权的信息，涉案信息存在于百度地图中。

2013年4月16日9时41分，名为“叶立鹤”的网络用户在其微博发布评论：“百度地图的美食部分在大量直接引用大众点评网评论和介绍，但仅允许用百度账号登录进行评论，怎么回事？@大众点评网@百度地图”。该微博仅有一条回复，即“百度地图”官方微博于当日17时24分的回复：“亲我们现在是合作关系呀”。

2013年4月至2013年10月期间，汉涛公司与百度公司就百度地图如何使用大众点评网信息等问题进行了磋商，并草拟了合作协议，但双方最终未签署书面协议。

高德地图、腾讯地图、搜狗地图都有百度地图类似的业务模式。上述地图亦提供商户地址、电话等信息及来源于其他网站的点评信息，部分商户有团购等业务。如搜狗地图中每个商户显示3条来源于大众点评网的点评信息，对于较长的点评需跳转至大众点评网才能查看全文。汉涛公司与案外人高德软件有限公司曾于2012年9月25日签订《数据合作协议》，合作内容主要包括双方数据的交换与融合以及相互开放API供对方根据本协议约定使用。

汉涛公司确认，百度公司搜索行为未违反大众点评网robots规则。

【裁判结果】

上海市浦东新区人民法院于2016年5月26日作出（2015）浦民三（知）初字第528号民事判决：一、被告百度公司停止以不正当的方式使用原告汉涛公司运营的大众点评网的点评信息；二、被告百度公司赔偿原告汉涛公司经济损失300万元及为制止不正当竞争行为所支付的合理费用23万元；三、驳回原告汉涛公司的其余诉讼请求。百度公司不服一审判决，向上海知识产权法院提起上诉。上海知识产权法院于2017年8月30日作出（2016）沪73民终242号民事判决：驳回上诉，维持原判。

【裁判理由】

法院生效裁判认为：百度公司在百度地图、百度知道中大量使用大众点评网的点评信息，给汉涛公司造成损害。大众点评网的点评信息是汉涛公司的核心竞争资源之一，能给汉涛公司带来竞争优势，具有商业价值。汉涛公司为运营大众点评网付出了巨额成本，网站上的点评信息是其长期经营的成果。汉涛公司获取、持有、使用上述信息未违反法律禁止性规定，也不违背公认的商业道德。百度公司在百度地图和百度知道中大量使用了这些点评信息，其行为具有明显的“搭便车”“不劳而获”的特点，违反了公认的商业道德和诚实信用原则，构成不正当竞争。

百度地图和百度知道对来源于大众点评网的信息，标注了“来自大众点评”等标识，百度公司该行为系为了指示信息的来源，属于对他人标识的合理使用，并无不当，不构成不正当竞争。

百度公司在“叶立鹤”的微博中回复“我们现在是合作关系”不构成虚假宣传。百度公司微博回复的信息并不是发布在“百度地图”自身的微博页面上，该行为有较强的针对性，系针对“叶立鹤”微博的回复。除了少数关注了“叶立鹤”的网络用户，其他网络用户一般不会看到这条微博，影响极其有限，不会给原告造成损害。

杰图公司通过应用程序编程接口（API）调用百度地图，并非单纯指向百度地图中的点评信息，其主观上没有与百度公司共同实施侵权行为的故意，其行为符合行业通行做法，不违背公认的商业道德和诚实信用原则，并无不当，不构成不正当竞争。

【案例注解】

一、移动互联网背景下的流量争夺战

随着移动通信技术的快速发展和智能手机的快速普及，互联网行业进入一个全新的时代。2007 年 1 月，美国苹果公司正式发布了第一代 iPhone。2008 年 9 月，美国运营商 T-Mobile 发布了首款由宏达电子（HTC）代工的安卓（Android）的智能手机 T-Mobile G1。此后，苹果手机和安卓手机快速占据了智能手机的绝大部分市场份额。2009 年 1 月，我国正式发放 3G 牌照。2013 年

12 月，我国正式发放 4G 牌照。移动通信网络快速升级，手机成为公众重要的联网工具。

移动互联网时代，用户使用互联网的习惯发生了改变，互联网行业的竞争进入全新的态势。在移动互联网时代，百度地图是百度公司力推的产品。百度公司将 O2O 业务接入百度地图，意图将百度地图打造成一站式生活服务平台，构建自己的“生态系统”，形成流量闭环，尽可能留住用户。2015 年 12 月 22 日，百度地图事业部总经理李东旻在百度地图十周年生态大会接受采访时表示：“百度现在所有的 O2O 业务，不管是投资的还是自建与 O2O 相关的，跟地图之间的关系都非常紧密。”[①] 2016 年 4 月 20 日，百度公司总裁张亚勤在百度地图国际化战略发布会上表示：“百度地图是我们‘连接人与服务战略’中最重要的入口级产品之一。在过去一年，我们欣喜地看到，百度地图成功实现了从单一的出行工具，到生活服务平台的完美升级！除了路况、导航、定位服务之外，百度地图还向用户提供包括订票，酒店、用车、外卖、餐饮、团购、保险、加油等服务。”[②]

百度地图接入 O2O 业务后，尤其是百度力推百度外卖、百度糯米后，大众点评网开始面对百度的直接竞争。百度通过其强大的搜索技术，从大众点评网抓取用户点评信息。百度地图使用了大众点评网的点评信息，但并未将外卖、团购等业务导流至大众点评网，而是导流到与大众点评网直接竞争的百度外卖、百度糯米，这是本案冲突的由来。

二、《反不正当竞争法》第二条在本案中的适用

大众点评网的点评信息均由网络用户提供，属于用户生成的内容（User Generated Content，简称 UGC）。本案主要的争议焦点是百度公司大量使用大众点评网的点评信息是否构成不正当竞争，对此，可以从以下几个方面进行分析：

（一）百度公司和汉涛公司是否存在竞争关系

在现代市场经营模式尤其是互联网经济蓬勃发展的背景下，市场主体从事多领域业务的情况实属常见。对于竞争关系的判定，不应局限于相同行业、相

---

① 张月：《李东旻解密百度地图与 O2O 战略协作的那些事儿》，载 http：//www. cnetnews. com. cn/2015/1222/3070009. shtml，最后访问时间：2015 年 12 月 22 日。

② 李根：《张亚勤：百度地图是公司战略级入口》，载 http：//tech. sina. com. cn/i/2016－04－20/doc－ifxriqqx3078302. shtml，最后访问时间：2016 年 4 月 20 日。

同领域或相同业态模式等固化的要素范围，而应从经营主体具体实施的经营行为出发加以考量。《反不正当竞争法》所调整的竞争关系不限于同业者之间的竞争关系，还包括为自己或者他人争取交易机会所产生的竞争关系以及因破坏他人竞争优势所产生的竞争关系。竞争本质上是对客户即交易对象的争夺。在互联网行业，将网络用户吸引到自己的网站是经营者开展经营活动的基础。即使双方的经营模式存在不同，只要双方在争夺相同的网络用户群体，即可认定为存在竞争关系。

本案中，百度公司除了提供网络搜索服务，还提供其他网络服务。作为百度公司最重要的移动端产品之一。百度地图除了提供传统的地理位置服务如定位、导航等之外，亦为网络用户提供商户信息及点评信息，并提供部分商户的团购等服务。大众点评网和百度地图都为用户提供 LBS 服务（即基于位置的服务）和 O2O 服务，两者在为用户提供商户信息和点评信息的服务模式上近乎一致，存在直接的竞争关系。此外，百度公司还通过百度知道向用户提供来自大众点评网的点评信息。百度公司通过搜索技术从大众点评网等网站获取信息，并将搜索引擎抓取的信息直接提供给网络用户，其和大众点评网一样都向网络用户提供商户信息和点评信息，百度公司不仅是搜索服务提供商，还是内容提供商。百度公司通过百度地图和百度知道与大众点评网争夺网络用户，可以认定百度公司与汉涛公司存在竞争关系。

（二）汉涛公司是否因百度公司的竞争行为而受到损害

百度公司使用了部分大众点评网的点评信息，如大众点评网某商户可能有几千条点评信息，百度地图使用了其中的几百条或者几十条信息。根据常识，网络用户通常不会完整查看某商户的几百条甚至几千条点评信息后才作出选择，网络用户通过几十条甚至十几条评论就足以作出选择。尤其对于目前大量使用手机的用户而言，受屏幕尺寸、阅读习惯等因素的制约，网络用户作出选择所需的信息量可能更少。虽然百度地图中设置了指向大众点评网的链接，但由于百度地图中的每一条点评信息都是完整的，用户并不需要再去大众点评网查看该信息。百度地图大量使用大众点评网的点评信息，替代大众点评网向网络用户提供信息，会导致大众点评网的流量减少。百度地图在大量使用大众点评网点评信息的同时，又推介自己的团购等业务，攫取了大众点评网的部分交易机会。百度公司大量使用大众点评网点评信息的行为，会给汉涛公司造成损害。此外，当网络用户使用百度搜索商户名称时，百度公司通过百度知道直接向用户提供来自大众点评网的点评信息，将一些想获取点评信息的网络用户导流到百度知道，即百度公司通过百度知道代替大众点评网向公众提供信息。百度知道上述使用方式，也会攫取大众点评网的流量，给汉涛公司造成损害。

（三）百度公司的行为是否具有不正当性

市场经济鼓励市场主体在信息的生产、搜集和使用等方面进行各种形式的自由竞争，但是这种竞争应当充分尊重竞争对手在信息的生产、搜集和使用过程中的辛勤付出。对涉及信息使用的市场竞争行为是否具有不正当性的判断应当综合考虑以下因素：涉案信息是否具有商业价值，能否给经营者带来竞争优势；信息获取的难易程度和成本付出；对信息的获取及利用是否违法、违背商业道德或损害社会公众利益；竞争对手使用信息的方式和范围。针对本案百度公司使用大众点评网点评信息的行为是否具有不正当性，具体分析如下：

首先，大众点评网的点评信息是汉涛公司的核心竞争资源之一，能给汉涛公司带来竞争优势，具有商业价值。以大众点评网为代表的点评类网站的出现，有效拓展了消费者获取商户信息的途径，解决了商户和消费者之间信息不对称的问题。在大众点评网提供的信息中，商户基本信息即商户名称、电话、地址、商户简介等信息类似于电话号码簿，尽管包含了商户简介等内容，但其信息量仍然有限，且用户很难判断信息的真伪，尚不能完全解决商户和消费者之间信息不对称的问题。大众点评网真正的优势在于其提供消费者真实的消费体验报告即用户点评。潜在的消费者可以通过点评获取有关商户服务、价格、环境等方面的真实信息，帮助其在同类商家中作出选择。同时，对于商家而言，也能通过用户点评更准确地了解消费者需求，据此改善服务质量，采取更精准的营销措施。

其次，汉涛公司为运营大众点评网付出了巨额成本，网站上的点评信息是其长期经营的成果。点评类网站很难在短期内积累足够多的用户点评，因为每一条点评都需要由用户亲自撰写。点评类网站具有集聚效应，即网站商户覆盖面越广，用户点评越多，越能吸引更多的网络用户参与点评，也越能吸引消费者到该网站查找信息。此类网站在开办的早期通常只有投入而没有收益，甚至需要额外支付费用吸引用户发布点评。只有点评数量达到一定规模，网站才有可能进入良性循环；也只有网站的浏览量达到一定的数量，网站才有可能通过广告、团购等途径获取收益。百度地图也有点评功能，百度的用户也可以直接发布点评。但在很多类别的商户中，直接来源于百度用户的点评只占很小的比例，如百度地图中餐饮类商户的点评信息主要来源于大众点评网等网站。在这些类别的商户中，仅凭百度用户贡献的少量点评，百度公司无法为消费者提供足够的信息量。百度公司在我国互联网行业中处于领先的地位，拥有庞大的用户数量，其尚且不能凭借自己的用户获取足够的点评信息，由此亦可见点评信息的获得并非易事。

再次，大众点评网的点评信息由网络用户发布，网络用户自愿在大众点评网发布点评信息，汉涛公司获取、持有、使用上述信息未违反法律禁止性规定，也不违背公认的商业道德。通过法律维护点评信息使用市场的正当竞争秩序，有利于鼓励经营者创新业务模式，投入成本改善消费者福祉；反之，将没有经营者再愿意投入巨额成本进行类似的创新性、基础性的工作，由此将抑制经营者创新的动力。

最后，在靠自身用户无法获取足够点评信息的情况下，百度公司通过技术手段，从大众点评网等网站获取点评信息，用于充实自己的百度地图和百度知道。百度公司此种使用方式，实质替代大众点评网向用户提供信息，对汉涛公司造成损害。百度公司并未对于大众点评网中的点评信息作出贡献，却在百度地图和百度知道中大量使用了这些点评信息，其行为具有明显的“搭便车”“不劳而获”的特点。综上，百度公司大量、全文使用涉案点评信息的行为违反了公认的商业道德和诚实信用原则，给汉涛公司造成了实质损害，具有不正当性，构成不正当竞争。

百度地图经过多次改版，不同版本的百度地图使用其他网站点评信息的方式并不完全相同。在百度地图早期的安卓版本中，百度地图谨慎地少量使用来自其他网站的点评信息。（2013）沪卢证经字第1047号公证书载明，百度地图3.1版本中，其商户页面仅显示了三条来自大众点评网的点评，且每条点评信息都未全文显示，每条信息都设置了指向大众点评网的链接。汉涛公司主张，百度公司的上述使用方式亦属于不正当竞争行为。笔者认为，由于该版本的百度地图只提供三条来自大众点评网的点评信息，每条点评信息均未全文显示，且每条点评信息均设置了指向信息源网站的链接，百度地图中的此类使用方式，不足以替代大众点评网向公众提供点评信息，不会对汉涛公司造成实质损害，该类行为不违背公认的商业道德和诚实信用原则，不构成不正当竞争。

（四）robots协议的法律效力

robots协议（机器人协议）是指互联网站所有者使用robots.txt文件，向网络机器人（Web robots）给出网站指令的协议。网站通过robots协议告诉网络机器人哪些内容可以抓取，哪些内容不能抓取。有观点认为，汉涛公司可以通过修改大众点评网的robots协议达到禁止百度公司获取大众点评网信息的目的，汉涛公司有自力救济的途径，司法不应介入。百度公司抓取大众点评网信息未违反网站的robots协议，百度公司不构成不正当竞争。百度公司亦将此观点作为其抗辩意见。笔者认为，这种观点有失偏颇。

首先，搜索引擎服务商抓取其他网站的信息和使用这些信息是两个不同性质的行为。robots 协议只涉及搜索引擎抓取其他网站信息是否符合行业惯例的问题，不能解决搜索引擎抓取信息后的使用行为是否合法的问题。网站的 robots 协议不禁止搜索引擎抓取信息，不构成网站允许搜索引擎服务商任意使用这些信息的默示许可。在著作权侵权纠纷案件中，不会因为网站 robots 协议允许搜索引擎抓取网站上的作品，就据此认定搜索引擎服务商使用这些作品不构成侵权。笔者认为，对于不属于著作权保护对象的其他信息，也应该对搜索引擎服务商获取信息的行为和使用信息的行为分别进行判断，不能因搜索引擎服务商获取其他网站信息的行为合法，就直接推定其使用这些信息的行为不构成不正当竞争。

其次，robots 协议并非网站保护自身合法权益的有效工具。对于大部分网站而言，搜索引擎都是重要的流量来源，尤其对于百度这样具有市场支配地位的搜索引擎，网站通常不可能对其进行屏蔽。大众点评网的 robots 协议若禁止百度抓取网站信息，将会导致网站流量减少。要求原告以自身遭受重大损失为代价进行自力救济，对原告并不公平。

最后，要求网站通过 robots 协议实行自力救济不一定符合公共利益。一方面，搜索引擎服务商要遵守网站的 robots 协议；另一方面，网站也不能任意限制搜索引擎抓取网站信息。中国互联网协会于 2012 年 11 月 1 日发布的《互联网搜索引擎服务自律公约》第七条第一款规定：遵循国际通行的行业惯例与商业规则，遵守机器人协议（robots 协议）。第八条规定：互联网站所有者设置机器人协议应遵循公平、开放和促进信息自由流动的原则，限制搜索引擎抓取应有行业公认合理的正当理由，不利用机器人协议进行不正当竞争行为，积极营造鼓励创新、公平公正的良性竞争环境。

综上，任由企业进行所谓“自力救济”，这势必会导致“丛林法则”横行，具有技术、资金、市场优势的大企业会利用其优势地位，以不正当手段压制竞争对手进入市场，或者攫取竞争对手的创新成果。百度公司的搜索引擎抓取涉案信息虽不违反大众点评网的 robots 协议，但这并不意味着百度公司可以任意使用上述信息，百度公司应当本着诚实信用的原则和公认的商业道德，合理控制来源于其他网站信息的使用范围和方式。百度公司拥有强大的技术能力及领先的市场地位，若不对百度公司使用其他网站信息的方式依法进行合理规制，其完全可以凭借技术优势和市场地位，以极低的成本攫取其他网站的成果，达到排挤竞争对手的目的。

互联网行业的竞争十分激烈，充分的竞争促使互联网企业不断进行技术创新和商业模式的创新。面对不断涌现的新型不正当竞争纠纷，司法既要保持一定的谦抑性，避免简单地以社会公德取代商业道德，给企业创新创造试错空间；但也不能无所作为，消极地以法无明文规定为由，拒绝保护企业合法权益。“既要维护知识产权法定原则对基本知识产权类型的界定，又要在不抵触基本知识产权立法政策的前提下，适时慎重地补充承认新类型知识权益。要善于利用知识产权立法中的兜底性规定、反不正当竞争法的原则条款、立法政策等，及时对新的客体或者利益加以肯定和保护。”①

（**一审法院合议庭成员** 徐 俊 许根华 邵 勋
二审法院合议庭成员 何 渊 陈瑶瑶 范静波
编写人 上海市浦东新区人民法院 徐 俊 邵 勋
责任编辑 宋建宝
审稿人 王 闯）

① 宋晓明：《“互联网+”时代知识产权司法保护的基本理念》，载《人民司法》2015年第23期。

钱柜企业股份有限公司诉芜湖市钱一柜娱乐有限公司、弋江区钱柜乐民超市侵害商标权及不正当竞争纠纷案

——故意为商标侵权人收取侵权利益构成共同侵权

关键词：商标侵权　直接侵权　收银服务　共同侵权　连带责任

【裁判要旨】

在商标侵权案件中，第三人通过 POS 机等移动终端，故意为直接侵权人提供收银服务，并收取利益的，其行为构成共同侵权，应承担共同侵权责任。

【相关法条】

《中华人民共和国商标法》第五十七条第六项　有下列行为之一的，均属侵犯注册商标专用权：

（六）故意为侵犯他人商标专用权行为提供便利条件，帮助他人实施侵犯商标专用权行为的。

《中华人民共和国侵权责任法》第八条　二人以上共同实施侵权行为，造成他人损害的，应当承担连带责任。

第九条第一款　教唆、帮助他人实施侵权行为的，应当与行为人承担连带责任。

【案件索引】

一审：安徽省芜湖市中级人民法院（2015）芜中民三初字第 00014 号

（2015 年 12 月 30 日）

二审：安徽省高级人民法院（2016）皖民终 607 号（2016 年 11 月 1 日）

【基本案情】

原告钱柜企业股份有限公司（以下简称钱柜公司）诉称：钱柜公司于 1986 年在我国台湾地区成立，系“錢櫃 CASH BOX”“錢櫃 PARTYWORLD”“钱柜”“钱柜 PARTYWORLD”“CASH BOX 錢櫃 K・T・V”商标注册人，上述商标在社会上享有较高知名度。被告芜湖市钱一柜娱乐有限公司（以下简称钱一柜公司）在其企业名称中使用“钱柜”商标，并在其经营的 KTV 店内外大量使用与“钱柜”系列注册商标相同或近似标识，通过互联网媒体营销，造成了相关公众混淆和误认，侵害了钱柜公司涉案注册商标专用权并构成不正当竞争，给其造成极大的经济及商誉损失。被告弋江区钱柜乐民超市（以下简称乐民超市）经营场所位于涉案 KTV 店内，涉案侵权收益系由该超市直接收取，该超市故意为商标侵权行为人提供收银服务，在构成共同侵权的同时亦构成不正当竞争，应承担连带责任。请求法院判令：（1）两被告立即停止侵权及不正当竞争行为，删除侵权宣传信息以及企业或商户名称中“钱柜”二字；（2）两被告在《新安晚报》上发表侵权声明，消除影响；（3）两被告赔偿其经济损失及合理开支共计 100 万元；（4）案件诉讼费用由两被告承担。

被告钱一柜公司辩称：其使用的涉案标识与钱柜公司上述商标不同且不相类似，其未实施侵害涉案注册商标专用权及不正当竞争行为，一审法院认定事实错误。钱柜公司主张 100 万元经济损失与合理开支无事实和法律依据。

被告乐民超市辩称：其与钱一柜公司系两个独立经营的主体，双方无利益关系，其不存在为钱一柜公司提供收银服务，不构成共同侵权；其经营范围与钱柜公司不同，亦不构成不正当竞争。

一审法院经审理查明：钱柜公司在台湾地区成立，系第 779781 号“錢櫃 CASH BOX”、第 3214677 号“錢櫃 PARTYWORLD”、第 4003165 号“钱柜 PARTYWORLD”、第 4003164 号“钱柜”、第 6744917 号“CASH BOX 錢櫃 K・T・V”商标注册人，上述商标至今有效，核定使用服务项目均为第 41 类。其中，“錢櫃 CASH BOX 商标核定使用服务项目包括电视娱乐、公共娱乐场、录音出租、提供娱乐设施、演出服务、音乐厅、娱乐；“錢櫃 PARTYWORLD”“钱柜”“钱柜 PARTYWORLD”商标核定使用服务项目包括提供娱乐设施、娱乐信息、娱乐场所、伴唱机供顾客唱歌（KTV）设施等；“CASH BOX 錢櫃

K·T·V”商标核定使用服务项目包括提供娱乐设施、卡拉OK服务、娱乐场所等。该公司自2006年至2010年在《广州日报》《东方早报》以及《财经周刊》等报刊及杂志上刊载了北京、上海、广州等地“钱柜”KTV或会所的宣传报道。2012年，该公司将涉案部分商标许可北京钱柜娱乐有限公司使用，许可费用为77余万元。

钱一柜公司成立于2009年11月17日，经营范围为量贩式KTV；乐民超市成立于2014年3月25日，经营范围为烟、预包装食品、乳制品批发零售。

2015年4月17日，湖北省武汉市黄鹤公证处对公证人员及钱柜公司委托代理人在该公证处利用办公电脑连接互联网实施证据保全的情况进行公证并出具了公证书。公证书所载附件显示：大众点评网（www. dianping. com）、美团网（www. meituan. com）、糯米网（www. nuomi. com）、拉手网（www. lashou. com）芜湖版均有“钱·柜KTV”团购信息，商户图片中有“錢·櫃WHYULECHENG·KTV”字样，团购价格为37元至99元不等。

2015年8月22日，公证人员与钱柜公司委托代理人前往安徽省芜湖市弋江区九华南路某号某地“錢·櫃WHYULECHENG·KTV”店，在公证人员监督下，钱柜公司委托代理人员对该店的招牌、周边宣传广告、店内大厅及包厢等部分设施进行了拍照并以普通消费者身份在该店868包厢进行消费，取得盖有“芜湖市钱一柜娱乐有限公司发票专用章”的发票一张、商户名称为“弋江区钱柜乐民超市”的POS签购单两张、收款单一张、超市小票一张。上述证据保全照片显示，“錢·櫃WHYULECHENG·KTV”店外招牌、店内大厅、包厢设施、宣传牌以及宣传卡片等均使用了“錢·櫃WHYULECHENG·KTV”“錢·櫃KTV”字样。

二审法院经审理查明：乐民超市经营者程某系钱一柜公司出资比例最大的股东，出资额为120万元，出资比例为40%。

【裁判结果】

芜湖市中级人民法院于2015年12月30日作出（2015）芜中民三初字第00014号民事判决：一、钱一柜公司立即停止侵犯第779781号、第3214677号、第4003164号、第4003165号、第6744917号注册商标专用权的行为，删除侵权宣传信息和字号中“钱柜”二字；二、钱一柜公司于判决生效之日起10日内向钱柜公司赔偿经济损失及合理开支共5万元；三、驳回钱柜公司的其他诉讼请求。

宣判后，钱柜公司、钱一柜公司均提出上诉。

安徽省高级人民法院于2016年11月1日作出（2016）皖民终607号民事判决：一、维持安徽省芜湖市中级人民法院（2015）芜中民三初字第00014号民事判决（以下简称一审判决）第一项，即：钱一柜公司立即停止侵犯钱柜公司第779781号、第3214677号、第4003164号、第4003165号、第6744917号注册商标专用权的行为，删除侵权宣传信息和字号中“钱柜”二字；二、撤销一审判决第三项；三、变更一审判决第二项为：钱一柜公司于本判决生效之日起10日内向钱柜公司赔偿经济损失及合理开支共计15万元；四、乐民超市立即停止侵害钱柜公司第779781号、第3214677号、第4003164号、第4003165号、第6744917号注册商标专用权的行为；五、乐民超市对本判决第三项确定的债务承担连带赔偿责任；六、驳回钱柜公司的其他诉讼请求。

【裁判理由】

二审法院经审理认为：钱一柜公司使用“錢·櫃 WHYULECHENG·KTV”“錢·櫃 KTV”及“钱·柜 KTV”等标识均为商标性使用，上述标识与钱柜公司依法注册的“錢櫃 CASH BOX”“錢櫃 PARTYWORLD”“钱柜 PARTYWORLD”“钱柜”以及“CASH BOX 錢櫃 K·T·V”商标在文字、读音、繁简字体等整体或主要部分构成相同或近似。其提供的服务亦与钱柜公司涉案五项注册商标核定的提供娱乐设施及场所项目相同，故钱一柜公司的行为构成对钱柜公司涉案五项注册商标专用权的侵害。钱柜公司涉案注册商标在业内具有较高的知名度，为相关公众知悉，钱一柜公司使用上述标识且在其企业名称中使用“钱一柜”字样，易导致相关公众误认，其行为亦构成不正当竞争。

关于侵权责任承担问题。钱一柜公司未提供证据证明其对上述侵权及不正当竞争行为已作出整改，故对一审判决其立即停止侵权行为，删除侵权宣传信息和字号中“钱柜”二字的判项予以维持。关于损失赔偿问题，本案钱柜公司因侵权行为所受到的实际损失以及侵权人因侵权所获得的利益均无法确定，其在安徽地区亦未有涉案注册商标许可使用。综合考虑本案侵权行为的性质及规模、持续的时间及后果，结合涉案注册商标知名度、商标使用许可费的数额、商标使用许可的种类、时间、范围及以及钱柜企业股份有限公司为制止侵权行为所支出的合理费用等因素，判令钱一柜公司赔偿钱柜公司经济损失及合理开支共计 15 万元。钱柜公司提供的证据不足以证明钱一柜公司上述侵权行为已对其声誉造成不良影响，故对其关于消除影响的上诉请求不予支持。

关于乐民超市是否构成共同侵权问题。《商标法》第五十七条第（六）项规定，故意为侵犯他人商标专用权行为提供便利条件，帮助他人实施侵犯商标专用权行为的，属侵犯注册商标专用权。《侵权责任法》第九条第一款亦规定："教唆、帮助他人实施侵权行为的，应当与行为人承担连带责任。"乐民超市系个体工商户，经营范围为烟、预包装食品、乳制品批发零售，其经营场所位于涉案 KTV 店内，该超市经营者程某系钱一柜公司出资比例最大的股东。涉案保全证据公证书载明，钱柜公司代理人在涉案 KTV 店消费时取得的两张 POS 签购单上载明的商户名称均为"弋江区钱柜乐民超市"。该超市在一、二审中均未提供相反证据推翻上述公证书，上述公证书能够证明涉案侵权收益由该超市收取的事实，该超市与钱一柜公司构成共同侵害涉案五项注册商标专用权，对钱柜公司要求该超市承担共同侵权责任的诉讼请求予以支持。乐民超市经营范围与钱柜公司不相同，其经营行为不足以导致相关公众误认，故对钱柜公司关于该超市构成不正当竞争的上诉理由不予支持。

【案例注解】

本案系知识产权司法保护领域中的一起商标侵权案件，因本案涉及商标共同侵权，因此，具有一定研究价值。随着信息化的不断发展，知识产权共同侵权案件呈上升态势，知识产权共同侵权问题研究在审判实践中亦备受关注。知识产权共同侵权既与传统的民法共同侵权理论有着密切联系，同时又存在自身的特殊性。笔者认为，在商标侵权案件中，对行为人是否构成共同侵权以及责任如何承担问题，应结合民法理论，根据具体案情进行综合评判。

一、关于共同侵害商标权的认定

知识产权具有私权性质，其与民法调整对象、方法、原则具有一致性。多数情况下，知识产权司法保护亦适用传统民法的一般原则。我国《民法通则》第一百三十条规定："二人以上共同侵权造成他人损害的，应当承担连带责任。"对共同侵权如何界定，该规定未予明确。关于共同侵权制度，理论界有主观共同侵权行为与客观共同侵权行为之说。二人以上基于共同故意而实施侵权行为造成他人损害的，为主观的共同侵权行为；二人以上虽无共同故意，但每一个人的行为都针对同一个侵害目标，客观上造成同一损害结果，每一个人的行为都是损害发生的共同原因，为客观的共同侵权行为。对共同侵权的基本特征，传统民法理论一般概括为：共同过错、共同行为、共同损害以及共同责任。结合传统民法理论及相关司法实践，概括共同侵权的构成要件有四：一是行为人为二人及以上；二是有基于共同故意或者过失的侵权行为；三是共同侵权行为致人损害；四是侵权行为与损害结果之间有因果关系。以上系认定共同侵权的一般规则。

关于教唆、帮助行为与共同侵权行为之间的关系，我国《民法通则》对此亦未明确界定。世界上诸多大陆法系国家，如德国、意大利、日本等国家在其民法典中对教唆、帮助行为均视为共同行为人。我国《侵权责任法》第九条规定：“教唆、帮助他人实施侵权行为的，应当与行为人承担连带责任。”笔者认为，教唆、帮助他人实施侵权行为，行为人主观上存在过错，其行为与其他共同侵权行为相结合构成一个共同的整体，应视为共同侵权行为人。

结合本案案情分析，乐民超市与钱一柜公司系两个独立主体，该超市经营场所位于钱一柜公司涉案 KTV 店内，且其经营者程某系钱一柜公司最大的股东，二者之间存在关联。本案中，该超市提供特约商户为“弋江区钱柜乐民超市”的 POS 机收取涉案 KTV 包箱服务费，涉案侵权收益系通过该 POS 机银行卡受理终端直接进入该超市账户。该行为有违中国人民银行《POS 机银行卡收单业务管理办法》中关于移动终端特约商户“不得代其他商户发起交易，不得将受理终端、结算账户借其他商户或个人使用”之相关规定。实践中，单独的收款行为，并不当然构成侵权，但如果该行为与其他有意思联络的侵权人实施的侵权行为相结合，构成一个共同整体，给权利人造成损害的，即构成共同侵权。本案中，该超市为涉案侵权行为提供收银服务，收取侵权利益，其主观上存在过错，客观亦对商标权人的财产权造成损害，该行为系一种帮助侵权行为。结合我国《商标法》第五十七条关于“故意为侵犯他人商标专用权行为提供便利条件，帮助他人实施侵犯商标专用权行为的”属侵犯注册商标专用权之规定，该超市与钱一柜公司构成共同侵权。

二、共同侵害商标权责任承担问题

关于共同侵权行为人的责任承担问题，我国《民法通则》规定：“二人以上共同侵权造成他人损害的，应当承担连带责任。”《侵权责任法》第八条规定：“二人以上共同实施侵权行为，造成他人损害的，应当承担连带责任。”第九条第一款亦规定：“教唆、帮助他人实施侵权行为的，应当与行为人承担连带责任。”上述法条规定的连带责任，主要系对共同侵权人在财产损害赔偿责任方面的规定，其重要意义在于加强对被侵权人请求权的保护，当部分侵权行为人不具有清偿能力时，确保被侵权人能够获得赔偿。

连带责任系一种财产责任，其客体是物，其主要适用于损害赔偿方面。在商标共同侵权领域，共同侵权行为人承担侵权责任的方式包括但不限于连带责任。《最高人民法院关于审理商标民事纠纷案件适用法律若干问题的解释》第二十一条第一款规定，人民法院在审理侵犯注册商标专用权纠纷案件中，依据《民法通则》第一百三十四条、《商标法》第五十三条的规定和案件具体情况，可以判决侵权人承担停止侵害、排除妨碍、消除危险、赔偿损失、消除影响等民事责任。上述停止侵害、排除妨碍、消除危险、消除影响等民事责任则不宜表述为连带责任。实践中，对商标共同侵权人责任承担方式的确定，要基于权利人的诉求，结合具体案情，确定共同侵权人承担相应的法律责任。本案中，乐民超市与钱一柜公司系关联主体，该超市收取涉案侵权利益，构成共同侵权。该侵权行为如不制止，亦可能使涉案侵权收益得以转移、隐匿，权利人的损害赔偿权不能依法得到保障。二审法院判决该超市停止侵权行为并对侵权行为造成的损害承担连带责任，有利于保护注册商标专用权人的合法权益。

（**一审法院合议庭成员** 徐胡龙 杨 洋 陈 勇
二审法院合议庭成员 樊 坤 胡四海 杨 芳
编写人 安徽省高级人民法院 胡四海
责任编辑 宋建宝
审稿人 王 闯）

海事海商

大丽船务有限公司与阿克鲁斯裕廊船务有限公司海上货物运输合同纠纷案

——涉外案件中对域外证据的审查认定

关键词：海上货物运输合同　域外证据　公证　认证

【裁判要旨】

1. 依照《最高人民法院关于民事诉讼证据的若干规定》（以下简称《民事证据规定》）第十一条规定，当事人对域外证据应当办理公证、认证等证明手续。但已办理上述手续的域外证据，并不当然适用《民事诉讼法》第六十九条关于我国公证机关证明法律事实和文书免证的规定。未办理上述手续的域外证据，亦不当然丧失其证明力。

2. 对未依照《民事证据规定》办理公证、认证等证明手续的域外证据的证明力，应结合已办理公证、认证等证明手续的证据所证明的法律事实、案件具体类型、无法办理公证、认证等证明手续的原因、相关证据种类，予以综合评判。

【相关法条】

《中华人民共和国民事诉讼法》（2017 修正）第六十九条　教唆、帮助无民事行为能力人、限制民事行为能力人实施侵权行为的，应当承担侵权责任；该无民事行为能力人、限制民事行为能力人的监护人未尽到监护责任的，应当承担相应的责任。

《最高人民法院关于民事诉讼证据的若干规定》第十一条　当事人向人民

法院提供的证据系在中华人民共和国领域外形成的，该证据应当经所在国公证机关予以证明，并经中华人民共和国驻该国使领馆予以认证，或者履行中华人民共和国与该所在国订立的有关条约中规定的证明手续。

当事人向人民法院提供的证据是在香港、澳门、台湾地区形成的，应当履行相关的证明手续。

【案件索引】

一审：天津海事法院（2014）津海法商初字第882号（2016年7月15日）

二审：天津市高级人民法院（2016）津民终417号（2016年12月29日）

【基本案情】

原告阿克鲁斯裕廊船务有限公司（以下简称裕廊公司）诉称：2013年1月5日，裕廊公司与案外人签订钢结构贸易合同。2013年8月28日，509件钢结构在天津新港装上“大繁荣”轮运往卸货港巴西维多利亚港。装货港船舶代理代表船长签发清洁提单。12月12日，“大繁荣”轮到达卸货港，开舱后发现船舱内多件钢结构与船舱壁碰撞，产生弯曲变形、擦伤、掉漆等损坏。裕廊公司随后委托了巴西TECALMEC公司对受损钢结构进行修理，报价估计修理费约5105010巴西雷亚尔（折合2279022美元）。涉案货物在“大繁荣”轮运输期间发生损坏，大丽船务有限公司（以下简称大丽公司）作为“大繁荣”轮的船舶所有人应对本案货损承担赔偿责任，请求判令：大丽公司赔偿货物损失2279022美元并承担全部诉讼费用。在诉讼期间，全部受损钢结构最终修理费金额得到确定，裕廊公司据此降低诉讼请求金额为货物损失本金1296684.75美元、利息37942.73美元。

被告大丽公司辩称：裕廊公司损失没有根据，除了两笔吊机租用费500万元左右之外，其他的费用裕廊公司未支付。裕廊公司未支付修理费，故未产生任何实际损失，只支付了20万美元左右。

法院经审理查明：2013年1月5日，裕廊公司与案外人达成贸易协议，合同金额为58535833.89新加坡元。2013年8月28日，509件钢结构在天津新港装上“大繁荣”轮，装货港船舶代理代表船长签发了清洁提单，提单载明货物品名为509件钢结构，3871616.16千克，12507.81立方米，提单同时注明货物在装货港托运时外表状况良好并装载于船上以运往卸货港，船舶安全接受了上述货物。

2013 年 12 月 12 日，“大繁荣”轮到达卸货港，开舱后发现船舱内多件钢结构与船舱壁碰撞，存在弯曲变形、擦伤、掉漆等损坏。巴西 MS Overseas 检验咨询公司检验人于 2013 年 12 月 13 日至 12 月 15 日多次登轮对货物进行检验，《卸货检验报告》详细记载了卸货时各舱的货物现状及损坏的情况并附有相应的照片。检验人向“大繁荣”轮船长提出不良积载及货损的抗议书，邀请船方参加联合检验以便确定货损的程度，船方大副拒绝联合检验，声称对货损不承担责任。巴西 Inspect Consultoria Ltda 于 2014 年 3 月及 5 月、2015 年 5 月及 6 月参加了托运钢结构的检验并于 2015 年 6 月 11 日出具最终《检验报告》。该《检验报告》载明装卸公司在卸货过程中发现货舱内积载和绑扎状况极差，导致许多钢结构与货舱壁碰撞发生损坏，卸货后许多钢结构弯曲、有锯齿、划伤、掉漆、生锈，大约 100 件货物发生了各种程度的损坏。经初步修理估损，2014 年 4 月 17 日，修理人巴西 TECALMEC 公司提供第一份受损钢结构预算表，修理费约 5105010 巴西雷亚尔；2014 年 5 月 25 日，TECALMEC 公司提供第二份受损钢结构预算表，修理费约 2261222 巴西雷亚尔。

2015 年 5 月，全部受损钢结构的受损明细及最终修理金额确定，其中服务号 TECALMEC OS－00－003－01－043001GL 下，共修理 48 件货物，服务号 TECALMEC OS－00－003－01－081501LM 下，共修理 54 件货物，修理费包括了租用吊机的费用、搬移和运输货物的费用、制造新结构或在现场修理、加强钢结构的费用，具体为：（1）租用吊机（第一批）计 300030 巴西雷亚尔；（2）租用吊机（第二批）计 258905 巴西雷亚尔；（3）服务号 TECALMEC OS－00－0000－15－012801LM（以下简称第一服务号），总计 285243.45 巴西雷亚尔；（4）服务号 TECALMEC OS－00－0003－01－043001GL（以下简称第二服务号），总计 1345926.91 巴西雷亚尔；（5）服务号 TECALMEC OS－00－0003－0815015LM（以下简称第三服务号），总计 1114677.63 巴西雷亚尔。上述修理费总计为 3304782.99 巴西雷亚尔，检验人认为从钢结构损失的程度和数量来讲，上述修理费总额是合理的。对于货损原因，《检验报告》基于收到的信息，合理的认为货损是由于在船上装货和/或积载过程中不谨慎、粗鲁搬移和/或船上不良积载和固定造成的。

就《检验报告》记载的修理费，裕廊公司相关支付情况如下：

（1）第一批吊机费用（确定金额 300030 巴西雷亚尔）：2014 年 11 月 5 日向 Loyman 公司支付 300030 巴西雷亚尔（折合 119581.51 美元）；

（2）第二批吊机费用（确定金额 258905 巴西雷亚尔）：2015 年 2 月 19 日

向 Loyman 公司支付 258905 巴西雷亚尔（折合 90716. 54 美元）；

（3）第一服务号下修理费（确定金额 285243. 45 巴西雷亚尔）：2015 年 4 月 9 日向 Tecalmec 公司支付 285243. 45 巴西雷亚尔（折合 93706. 78 美元）；

（4）第二服务号下修理费（确定金额 1345926. 91 巴西雷亚尔）：2014 年 5 月 16 日支付 134592. 6 巴西雷亚尔（折合 60874. 08 美元），2014 年 8 月 5 日支付 368805. 87 巴西雷亚尔（折合 161898. 98 美元），2014 年 9 月 3 日支付 366583. 96 巴西雷亚尔（折合 164313. 74 美元），2014 年 9 月 22 日支付 51961. 68 巴西雷亚尔（折合 21768. 61 美元），2014 年 11 月 17 日支付 289387. 76 巴西雷亚尔（折合 111302. 98 美元）。以上共计支付 1211331. 87 巴西雷亚尔，折合 520158. 39 美元；

（5）第三服务号下修理费（确定金额 1080495. 79 巴西雷亚尔）：2014 年 11 月 17 日支付 99049. 32 巴西雷亚尔（折合 38095. 89 美元），2014 年 12 月 8 日支付 482042 巴西雷亚尔（折合 184337. 28 美元），2015 年 2 月 13 日支付 202050. 59 巴西雷亚尔（折合 71497. 02 美元），2015 年 2 月 26 日支付 185886. 12 巴西雷亚尔（折合 64588. 64 美元），2014 年 8 月 20 日支付 111467. 76 巴西雷亚尔（折合 49453. 31 美元）。以上共计支付 1080495. 79 雷亚尔，折合 407972. 14 美元。

裕廊公司付出上述五项费用共计 1232135. 36 美元。

《检验报告》经过巴西当地公证机构公证，加盖巴西外交部驻里约热内卢代表处的印章，并由该处官员 Carneiro 在其上签字，我国驻里约热内卢总领事馆认证证明巴西外交部驻里约热内卢代表处的印章和该处官员签字属实。第一批、第二批吊机费用支付凭证及对应发票在《检验报告》作出时已经取得，并随附在《检验报告》后。第一服务号下修理费支付凭证虽未进行公证、认证，但其数额与《检验报告》记载一致。第二服务号、第三服务号相应付款凭证均未进行公证、认证。但其对应付款凭证数额在两批服务号下修理费范围内。

此外，裕廊公司还支出公证认证费用 374. 88 美元等费用。

【裁判结果】

天津海事法院于 2016 年 7 月 15 日作出（2014）津海法商初字第 882 号民事判决：一、大丽公司于判决生效之日起 10 日内赔偿裕廊公司货物损失 1232510. 24 美元及相应利息；二、驳回裕廊公司的其他诉讼请求。宣判后，大丽公司提起上诉。天津市高级人民法院于 2016 年 12 月 29 日作出（2016）

津民终417号民事判决：驳回上诉，维持原判。

【裁判理由】

生效法院判决认为：本案争议焦点集中于大丽公司是否应向裕廊公司承担一审判决认定货物损失1232510.24美元中1020682.17美元的赔偿责任。

首先，就裕廊公司请求权性质而言，依照《海商法》第五十五条第一款之规定：货物损坏的赔偿额，按照货物受损前后实际价值的差额或者货物的修复费用计算。因此，在货物损坏情形下，权利人可以请求按照货物受损前后实际价值的差额计算货物损坏赔偿额，也可以请求按照货物修复费用计算货物损坏赔偿额。本案中，结合全案证据及双方当事人无异议事实，可以确定涉案运输实际发生了货损。按照经公证认证的《检验报告》及其附件记载，针对涉案货损，采取的救济措施为修复方式，即恢复原状。《检验报告》同时记载，2014年4月17日、5月25日，TECALMEC公司提供了两份预算表，但上述预算表并非最终预算，作出最终预算需要仔细检查每一件货物的损失状况。直到2015年5月，巴西Inspect Consultoria Ltda才从收货人处得知全部受损钢结构的最终修理费用金额。裕廊公司于2014年10月起诉时亦提及委托了TECALMEC公司对受损钢结构进行修理，并按TECALMEC公司最初估计修理费报价主张相应金额，在本案一审审理期间，裕廊公司按照全部受损钢结构确定的最终修理费金额降低了诉讼请求金额。由此可知，裕廊公司提起本案诉讼，系请求按照货物修复费用计算货物损坏赔偿额，其请求权性质系要求恢复原状所必需之费用。

其次，就恢复原状所必需之费用应如何认定而言，应遵循以下标准：（1）可能性，即权利人主张的具体恢复原状形式应当可能实现其对受损物品的应有使用目的；（2）目的拘束性，即权利人主张的费用应以恢复受损物品原状这一用途为其目的；（3）经济合理性，即恢复原状在经济上应当合理，所需花费不能毫无限制。

在本案中，（1）按照经公证认证的《检验报告》及其附件记载，涉案受损钢结构由TECALMEC公司分批次进行测量并出具测量清单、图片报告，显示对受损钢结构采取了矫直修复、局部重新制造、表面处理与喷漆、结构保养与制造等措施。且第一服务号、第二服务号、第三服务号项下测量清单均记载了“已完工服务合计（承包商）”金额，数额分别与经公证认证的第一服务号、第二服务号、第三服务号付款授权书或服务订单各自金额一致，说明修复已经完成。因此，修复涉案受损钢结构具有可能性。（2）一审时裕廊公司在诉讼请求变更前，其请求的金额对应估计修理费报价，在诉讼请求变更后，其请求的金额对应经确定后的最终修理费。故而，可以认定裕廊公司主张的费用与修复费用具有对应关系，符合目的拘束性。（3）经公证认证的《检验报告》对最终的修复费用总额及其构成、修理钢结构数量、编号作了详细记载，并明确“从受损钢结构的损失程度和数量来讲，上述修理费总额是合理的”，基于该结论，并参照涉案运输钢结构总件数（509 件钢结构）及其保险金额（11668413 新加坡元）与受损钢结构件数（102 件钢结构）及修复费用（3304782.99 巴西雷亚尔，据《检验报告》折合 1475349.6 美元）间的对比、《检验报告》所附测量清单、图片说明对各型号受损钢结构修复的描述与记载，可以认定对涉案受损钢结构的修理未扩大修复范围，裕廊公司请求的费用亦未超出修复标准，具有经济合理性。一审判决以裕廊公司是否实际付出修理费为标准所判付的损失数额在上述费用范围内，亦并无不当。

最后，就实际支付情况而言，关于第一服务号涉及的修理费金额，经公证认证的付款授权书记载该笔款项金额为 285243.45 巴西雷亚尔，与随附在经公证认证《检验报告》中的测量清单、TECALMEC 开具相应发票、支付凭证等记载金额一致，具有对应性，在支付凭证中，发出指令者及发布人均以 jurong（裕廊公司名称）为前缀，收款方亦明确记载为 TECALMEC 公司，故应认定裕廊公司已经实际支付相应款项。关于第二服务号、第三服务号涉及的修理费金额，经公证认证的服务订单记载该两笔款项金额分别为 1345926 巴西雷亚尔、1114677.63 巴西雷亚尔，与随附在经公证认证《检验报告》中的测量清单记载金额一致，与 TECALMEC 开具的相应发票记载金额之和基本一致。虽然支付凭证或收据记载金额与服务订单记载金额之间并不严格对应，但支付凭证或收据记载金额总和并未超出服务订单记载金额，且支付凭证或在汇款方名称一栏记载为“Jurong Aracruz 造船厂”，或发出指令者及发布人均以 jurong 为前缀，收款方则均明确记载为 TECALMEC 公司；收据系 TECALMEC 公司出具，记载收到“Jurong Aracruz 造船厂”对应服务号修理费中的预付定金，故而，相应款项自裕廊公司流向 TECALMEC 公司、裕廊公司实际支付相应款项等待证事实的存在具有高度可能性。一审判决相应认定并无不当。

【案例注解】

本案的争点为：海上货物运输产生的货损经检验确定了损失总额，相关受损明细及最终修理金额证据（主要为修复单位开出的账单及若干银行水单、发票等支付凭证）附于已经公证、认证等证明手续的《检验报告》后，但绝大部分修复费支付凭证（银行水单、付款指示、收据、发票等）均未办理公证、认证等证明手续，是否应认定权利人可向责任人主张损害赔偿。该争点涉及域外证据特别是未经公证、认证等证明手续的域外证据应如何审查的问题，其根源来自对《民事证据规定》第十一条的理解，长期以来困扰着审判实务。特别是在当前“一带一路”建设背景下，随着各类案件中主体、客体、法律事实等涉及的域外因素不断增多，大量域外证据进入人民法院审查范围，该问题亟待司法机关予以明确。

一、问题的由来：《民事证据规定》第十一条

《民事证据规定》第十一条规定：当事人向人民法院提供的证据系在中华人民共和国领域外形成的，该证据应当经所在国公证机关予以证明，并经中华人民共和国驻该国使领馆予以认证，或者履行中华人民共和国与该所在国订立的有关条约中规定的证明手续。（公证、认证等证明手续。）该规定的制定理由主要在于：在涉外民事诉讼中，如证明案件事实的若干证据产生于域外，人民法院司法权无法达到，对域外形成证据的调查又存在着现实诸多障碍。为防止误断风险，应对域外证据本身施加若干程序或手续上的限制，以增强其真实性和合法性，尽力消除司法权的地域局限给民事诉讼带来的不利影响。[①]

即使在今天看来，上列观点仍然具有很强的合理性。由于域外证据形成于我国司法权不及之处，人民法院难以通过调查、走访等形式对证据的真实性、合法性予以核实，即使需调查核实，也不得不依据《海牙公约》或双边条约规定方式以司法协助方式取证，时间、成果均无法保证。而当事人离域外证据的距离更近，更易于获取、掌握域外证据，也更易于采取特定措施强化域外证据的证明力。在我国《民事诉讼法》逐步由职权干预型诉讼体制过渡到当事人主导型诉讼体制的大背景下，[②] 对当事人课以对域外证据采取公证、认证等证明手续的义务，有助于合理确定域外证据举证责任，划分人民法院与当事人诉讼权责。

但也必须看到的是，该条规定采取“应当”的表述，而未规定法律后果；

---

① 李国光：《最高人民法院〈关于民事诉讼证据的若干规定〉的理解与适用》，中国法制出版社2002年版，第158～159页。

② 参见张卫平：《民事诉讼法》（第四版），法律出版社2016年版，第24页。

采取统一的规制，而未区分不同类型证据及不同域外公证模式，这也导致该规定出台以来存在一定争论。实践中各地人民法院适用该条规定审查域外证据也存在一定困惑。主要表现在以下几个方面：（1）经过公证、认证等证明手续的域外证据是否具有相较其他证据而言更强证明力；（2）未经公证、认证等证明手续的域外证据是否一律无证明力；（3）应如何判断未经公证、认证等证明手续的域外证据的证明力。这些问题《民事证据规定》第十一条均未予以明确解答，因此，仍有必要结合司法实践及公证法原理、民事证据原理、域外公证法律制度及外交认证特性等，对域外证据证明力予以进一步研究与发展。以下结合本案案情，对上述问题进行论述。

二、经过公证、认证等证明手续的域外证据是否具有更强证明力

《民事诉讼法》第六十九条规定："经过法定程序公证证明的法律事实和文书，人民法院应当作为认定事实的根据，但有相反证据足以推翻公证证明的除外。"由于域外证据办理相应证明手续，亦涉及域外公证机关按照法定程序进行公证并出具公证文书。有论者认为，办理公证、认证等证明手续的域外证据应适用《民事诉讼法》及《最高人民法院关于适用〈中华人民共和国民事诉讼法〉的解释》（以下简称《民事诉讼法解释》）上述条文规定，具有更强证明力乃至免证效力，人民法院可直接作为认定事实的根据。对此，笔者认为，从域外公证模式、外交认证证明性质及法律实践来看，这一观点并不妥适。

关于域外公证模式，纵观世界各国、各地区，主要分为英美公证与拉丁公证两类：英美公证采用形式审查。公证人办理公证审查的仅为当事人身份、意思表示及在有法律意义文书上签名、盖章的真实性。而对当事人提供的材料、所作陈述的内容的真实性、合法性，公证人并不进行审查。因此，英美公证的证明效力是较低的。据报道，由于效力低下，很多国家甚至对美国的公证文书拒绝承认和接受。①

拉丁公证制度则主要实行实质审查。公证人对当事人的申请，不仅要进行形式审查，而且要对当事人提交的材料、所作陈述的内容是否真实、是否符合法律规定进行审查。②

不过，在拉丁公证制度下，公证方式亦非仅存在实质审查一类，在德国、

---

① 吴翠丹：《私权自治——美国公证制度的显著特征》，载《中国公证》2005年第8期。

② 参见马宏俊主编：《公证法学》，北京大学出版社2013年版，第115页。

日本、韩国、意大利等国，还存在“认证”这一公证证明方式。① 所谓“认证”，区别于外交认证，指公证人就当事人或其他关系人请求，证明其文书之作成或形式上真正的一种公证程序。“认证”标的仅限于文书，仅证明文书形式真正，即对于公证人在“认证”时所感知之签名人或签名承认者之同一性及私文书之签名系由该人所自为或所承认等事，赋予公证力与证明力。② 由此可见，在拉丁公证制度中，也存在类似于英美形式公证的认证公证方式。以案涉证据形成国巴西公证法律规范为例，从《巴西公证及登记法》第6条、第7条来看，公证员的主要权限为：以法定形式来证明当事人的意愿；制作公证书确保法律及商业行为真实性；对事实行为提供证明等。由此可见，该国公证法承袭了拉丁公证的实质审查方式。但是，在第7条一般文书公证员职权中，还包含了对签名的有效性进行“认证”这一职权。

在司法实践中，来自英美公证国家的域外证据，所采用的公证方式自然均为形式公证。如某公证文书记载：“兹证明附件上的签名属实。该签名系彼处所述独任仲裁员本人真实、适当的笔迹。”此即为典型英美公证形式，仅对仲裁书上仲裁员签署的笔迹真实性而非仲裁裁决书真实性予以公证。而来自拉丁公证制度国家的域外证据，虽然其公证一般类型为实质审查公证，但由于相应证据往往在事后才对纠纷解决具有现实意义，当事人往往未能在证据形成时即采取实质公证方式证明，在产生纠纷后，为便于提起诉讼、同时亦为加快证明进度，避免拖延对诉讼时效等造成不利，一般仅采取“认证”方式予以公证。再者，就鉴定报告、诊疗报告、专利说明书等专业性较强的证据，公证员亦客观上无法进行实质审查，当事人也只能采用“认证”方式予以公证。这一证明方式无法证明相应证据实质真实，仅系对其形式真实性予以证明。譬如，案涉检验报告正是采取了签名“认证”公证，并不涉及对检验报告实质真实性进行审查。

至于公证之后的外交认证，其仅为一国的外交、领事及其授权机构在涉外文书上确认公证机构、认证机关或者某些“相应机关”的最后一个签字或印章属实的行为。③ 譬如，案涉《检验报告》中，加贴的认证标签记载文字为：“兹证明前面文书上巴西外交部驻里约热内卢代表处印章和该处官员的签字均属实，该文书内容由出文机构负责。”因此，外交认证更非对相应文书或事实

① 李全一：《公证证明论》，法律出版社2016年版，第231～232页。

② 赖来焜：《最新公证法论》（修订二版），台湾地区三民书局2016年版，第353～354页。

③ 马宏俊主编：《公证法学》，北京大学出版社2013年版，第6页。

进行实质审查，亦不发生实质证明效力。

从《公证法》第二条规定的“公证是公证机构根据自然人、法人或者其他组织的申请，依照法定程序对民事法律行为、有法律意义的事实和文书的真实性、合法性予以证明的活动”之规定来看，我国公证法采取的是实质审查主义。通说认为，我国公证崇尚的是严格意义上的实质证明方法，即既要证明待证事项的真实性，又需证明其合法性。[①] 也正因为我国公证证明这一特点，《民事诉讼法》第六十九条才赋予了公证书以高于其他种类证据的效力。这与常见域外公证证明模式以及外交认证所产生的证明力是有本质差别的。

因此，《民事证据规定》第十一条规定的“公证”以及（外交）“认证”，不同于《民事诉讼法》第六十九条规定的“公证”，后者文义应仅限于我国公证机构依据我国《公证法》作出的公证或域外其他相当于我国公证证明程度的公证。因此，按照《民事证据规定》第十一条进行公证、认证等证明手续的证据，除由拉丁公证制度国家经采取实质审查方式作出公证证明并由我国驻外使领馆予以认证等情形外，并非《民事诉讼法》第六十九条规定之“经过法定程序公证证明的法律事实和文书”，不发生更强证明力，更不能发生免证效力。

因此，本案中，尽管《检验报告》进行了公证、认证等证明手续，但由于其采取的是“认证”公证方式，只能认定其具备形式真实性，至于其实质是否反映货损明细，还应结合《检验报告》记载、特别是其所附各受损设备图片及相应修复说明等予以认定。经审查，《检验报告》具有较强证明力，法院最终将其作为认定货损事实及受损明细的基础证据。

三、未经公证、认证等证明手续的域外证据是否一律无证明力

在实践中，有观点认为，根据《民事证据规定》第十一条规定，如当事人未对域外证据办理公证、认证等证明手续，对该证据的证明力应一律不予确认。本案中大丽公司一审抗辩及二审上诉意见均持这种观点。笔者认为，这一观点是不确切的，理由在于：

首先，从民事证据原理来看，民事诉讼中的证据，是指在民事诉讼中能够证明案件真实情况的各种资料，是民事诉讼中法院认定案件事实作出裁判的根据。[②] 准此而言，域外证据亦属于民事证据范畴，与域内民事证据性质上并无

---

① 李全一：《公证证明论》，法律出版社 2016 年版，第 63 页。

② 张卫平：《民事诉讼法》（第四版），法律出版社 2016 年版，第 201 页。

二致。无论是域外证据还是域内证据，均应一体适用《民事诉讼法》关于举证、质证、证据审核认定的相关规定。譬如，依照《民事诉讼法》第六十八条、《民事诉讼法解释》第一百零三条，证据应当在法庭上出示，并由当事人互相质证。未经当事人质证的证据，不得作为认定案件事实的根据。该规定一体适用于域内证据与域外证据。即便未经公证、认证等证明手续的域外证据，由于《民事诉讼法》及《民事诉讼法解释》并未明确排除其证明力，并不因此当然丧失其证明力，仍应经过当事人质证。

其次，从民事诉讼规范来看，理论上将之区分为效力性规范和训示性规范。所谓效力性规范，指如果行为人违反该规范，将对诉讼行为和诉讼程序产生影响（如无效）的规范。而训示性规范，是指仅仅要求行为人按照规范去做，但如果行为人不予遵守，也不会产生诉讼法上的效力。该种规范仅劝导人们合理地实施诉讼行为。① 如《日本民事诉讼法》规定，当事人应当尽可能就民事纠纷各种事实提供信息。该规定即仅为训示性规范，仅表明法律鼓励当事人如此行为，以便法官尽快把握纠纷全貌以提供诉讼效率。② 确立某规定是否属于效力性规范抑或训示性规范，最重要的基准在于探究该规定的“规范保护目的”为何，如违反该规定对其蕴含的重要规范保护目的造成损害，应认定构成效力性规范。③ 探究《民事证据规定》第十一条的制定目的，如前所述，设置该条规定主要在于防止误断证据风险、消除司法权地域局限对民事诉讼的不利影响。因此，其目的仍在于劝导当事人合理实施诉讼行为，以提升证据认定事实质量，而并不涉及诚实信用、正当程序、维护当事人基本权利等根本性规范保护目的。故而，该条规定应认定为训示性规范。换言之，如当事人实际未能办理公证、认证等证明手续，亦不发生该域外证据证明力的绝对否定效力。

再次，从各国公证、认证实践来看，由于各国民商事、公证法律制度差异性较大，客观上亦存在某些特定证据无法办理公证、认证的情况存在。以本案所涉巴西公证为例，根据《巴西公证及登记法》第 6 条规定，公证员公证对象为当事人意愿、法律及商业行为、事实行为。如对银行水单及发票进行单独公证，很难归属于上列事项，公证员可能会拒绝出具公证书。由于银行水单及

① 张卫平：《民事诉讼法》（第四版），法律出版社 2016 年版，第 17 页。

② 王亚新：《对抗与判定》，清华大学出版社 2002 年版，第 113 页。

③ 艾明：《训示规定抑或效力规定：“不得诱使他人犯罪”的规范性质研究》，载《政治与法律》2015 年第 5 期。

发票一般由银行机构及相应单位签章确认，且数量繁多，在事后公证的情况下，实际很难要求银行机构或相应单位人员在公证员面前重新签章或出具声明书，以作成“认证”公证。有的银行水单及发票甚至根本不存在银行机构及相应单位签章（如本案即存在这一情况），连办理“认证”公证也欠缺可能性。此外，电子证据是否可作成公证，更是一个各国证明机构难以解决的问题。[①] 即使在公证后的外交认证环节，也存在某些特定证据无法办理认证的现象。据2012年北京市高级人民法院一份请示显示，我国驻某某国使领馆不为已加入该国国籍的人士出具的《声明书》办理认证手续。[②] 由此可见，如某类域外证据客观上确实无法办理公证、认证等证明手续，以未办理公证、认证等证明手续为由否定其证明力是非常不适当的。

最后，从当前涉外商事海事审判政策来看，2005年《最高人民法院第二次全国涉外商事海事审判工作会议纪要》（法发〔2005〕26号，以下简称《纪要》）第三十九条第一款将当事人提供域外证据区分为证明诉讼主体资格的证据及其他证据两类，对于前者，应履行公证、认证等证明手续；对于后者，不再强制要求履行公证、认证等证明手续，但人民法院认为确需办理的除外。由于“证明诉讼主体资格的证据”实际属于当事人身份证明材料，严格意义上而言并非证明案件事实的证据，在涉外民事审判中亦非证据的主要构成类型。因此，该《纪要》实质上放宽了对绝大多数证据的公证、认证等证明手续要求。此外，根据三十九条第二款规定，不论是否办理了公证、认证等证明手续，相应证据均应进行质证，并由人民法院结合质证意见进行审核认定。这也就意味着即使未经公证、认证等证明手续的证据，仍不因此丧失证明力，属于可进入法庭予以质证的证据。此外，在2012年、2016年等全国涉外商事座谈会上，最高人民法院相关人员也一再强调前述观点。可见，从审判政策而言，目前已倾向于肯定未经公证、认证等证明手续的域外证据一般不当然丧失其证明力。

本案中，裕廊公司为证明其损失，提交了付款凭证、发票、市政府缴税文件、收据等证明付款的证据，但除第一批、第二批吊机费用外，绝大多数凭证均未经过公证、认证等证明手续，法院并未简单以此为由否定其证明力，仍组

---

① 莫远峰：《我国民事诉讼中的域外证据公证证明制度初探》，载《经济与社会发展》2003年第9期。

② 参见《北京市高级人民法院关于未经我国驻外使领馆认证的域外形成的证据效力问题的请示》，京高法〔2012〕97号。参见载贺荣主编：《涉外商事海事审判指导》（总第24辑），人民法院出版社2013年版，第131页。

织当事人进行了质证，并结合其他证据对相关事实予以综合审核认定，符合证据原理、法律规定精神及域外公证、认证实践。

四、应如何认定未经公证、认证等证明手续的域外证据证明力

如域外证据并不因未经公证、认证等证明手续而丧失其证明力，那应如何认定未经公证、认证等证明手续的域外证据的证明力？考察当前司法实践，主要采取“辅助证明”主义，亦即未经公证、认证等证据手续的域外证据不能单独认定案件事实，而应结合全案其他证据予以认定。具体而言，首先，如提交的未经公证、认证等证明手续的域外证据对方当事人认可或未发表质证意见，应确认其证明力。[①] 其次，如未经公证、认证等证明手续的域外证据证明的法律事实与经公证、认证等证明手续的其他域外证据或域内证据证明的法律事实可相互印证，应确认其证明力（“相互印证”说）。譬如，在天津市高级人民法院（2015）津高民四终字第0066号民事案件中，双方当事人均提交《检验报告》证明货物损失，但均未办理公证、认证等证明手续。法院认为，两份《检验报告》均对某一提单项下货物受损原因的认定一致，因此采纳了《检验报告》关于该批次货物受损原因的分析意见。上述裁判规则不违反人民法院按照法定程序全面客观审核证据的认证规则，值得充分肯定。不过，类似本案情形，又存在特殊情况，简单套用上述裁判规则存在一定问题。这是因为对方并不认可相应域外证据的真实性，将经公证、认证等证明手续的《检验报告》所附相关受损明细及最终修理金额证据与相应支付凭证相比对，可实现严格相互印证的只有第一服务号下修理费。此外，第一批、第二批吊机费用银行水单等已作为经公证、认证等证明手续的《检验报告》的附件，无须再“相互印证”，以上共计844178.45巴西雷亚尔，而第二服务号下修理费、第三服务号下修理费支付凭证对应金额仅为2291827.66巴西雷亚尔，并不严格对应受损明细及最终修理金额证据中第一服务号、第二服务号对应金额（2426432.7巴西雷亚尔），证据证明的法律事实是否可认定相互印证存在疑问。

对此，笔者认为，对此类情形下域外证据的审核认定问题，应在“相互印证”说的基础上，结合案件具体类型、已公证、认证或已实现“相互印证”的证据表征的待证事实发生可能性、无法办理公证、认证等证明手续的原因、相关证据种类等因素，对现有“相互印证”裁判规则予以适度发展，以确定

① 参见《广东省高级人民法院关于涉外商事审判若干问题的指导意见》第六十六条。

相应域外证据的证明力。结合本案而言：

首先，从案件具体类型来看，本案系属损害赔偿类案件。按照当事人最初的诉请及其后调整的诉请，当事人系按照货物修复费用索要损害赔偿，即其损害赔偿请求基础为《海商法》第五十五条第一款“货物损坏的赔偿额，按照……货物的修复费用计算”之规定，在民法理论下，应认定这一请求系主张恢复原状所必需的费用。该请求虽也属于金钱赔偿类型，但不同于一般金钱赔偿，仍具有维护权利人完整利益的功能。① 这也就意味着，加害行为一旦发生，就在客观上对权利人造成了完整利益的损害，权利人即取得了该笔请求权。② 且该笔费用无须等到权利人实际支付该笔金额后才允许主张赔偿。只要权利人索要的恢复原状所必需的费用符合可能性、目的拘束性、经济合理性，即应认定其有权获得相应赔偿。③ 所谓可能性，是指权利人主张的具体恢复原状形式应当可能实现其对受损物品的应有使用目的；所谓目的拘束性，是指权利人主张的费用应以恢复受损物品原状这一用途为其目的。所谓经济合理性，是指恢复原状在经济上应当合理，所需花费不能毫无限制。由于我国民法并不区别价值利益与完整利益的损害，“赔偿损失”即可以赔偿权利人的价值利益损失，也可以用于支付受害人恢复原状的费用。④ 因此，这种理解不仅符合民法原理，也符合我国民法损害赔偿的基本立场。在本案中，应该予以明确的是，所谓损害，实际在涉案货物运输期间即已发生，其后的修复费用只不过是为恢复原状而产生的费用而已。而本案裕廊公司所请求的相关费用因修复已经完成，具有可能性；与修复费用具有对应关系，具有目的拘束性；修复亦未扩大修复范围，裕廊公司请求的费用在受损明晰及最终修理金额范围内，未超出修复标准，亦具有经济合理性。从这点而言，即使裕廊公司完全未支付经公证、认证等证明手续的《检验报告》所附相关受损明细及最终修理金额，直接向大丽公司提起诉讼要求该笔费用，因其符合上述三大要件，实则也可以得到赔付。综上，在审核证据以认定此类案件损害是否发生时，损害时点并非实际支付修复费用时是必须首要考量之处。

其次，从已公证、认证及已实现“相互印证”的证据来看，第一服务号涉及的费用金额，经“公证认证”的账单金额与支付凭证金额一致，实现了

① 参见王泽鉴：《损害赔偿》，北京大学出版社2017年3月版，第197页。

② 程啸、王丹：《损害赔偿的方法》，载《法学研究》2013年第3期。

③ 程啸：《侵权责任法》（第二版），法律出版社2015年版，第672页。

④ 程啸：《侵权责任法》（第二版），法律出版社2015年版，第671页。

完全程度的相互印证。第一批、第二批吊机费用银行水单本身已作为《检验报告》附件无须“相互印证”。虽然第二服务号、第三服务号对应账单金额与支付凭证金额未能实现相互印证，但其中发票、银行水单等支付凭证与已实现“相互印证”的第一服务号涉及的发票、银行水单等证据采用格式实际相同，均为统一印制单据，且其记载支付方（裕廊公司或以 jurong 为前缀）及收款方（TECALMEC 公司）亦相同。在无须“相互印证”的第一批、第二批吊机费用对应支付凭证中，其记载的款项支付方亦为裕廊公司。可初步认定存在款项从裕廊公司流向各修复单位的情况。且从金额来看，未经公证、认证的付款凭证数额为 2291827.66 巴西雷亚尔，亦在已经公证、认证的第二、第三服务号对应受损明细及最终修理金额范围（2426432.7 巴西雷亚尔）内。基于上述事实，从理性商业人角度考虑，裕廊公司对第二、第三服务号的支付凭证虽未办理公证、认证，亦未与经公证、认证等证明手续的证据实现严格“相互印证”，但其予以支付的事实仍具有高度可能性，应认定其已经支付了第二、第三服务号下对应修复费用。

最后，从无法办理公证、认证等证明手续的原因及相关证据种类来看，案涉证据主要为银行水单、发票等，在诉讼中，裕廊公司对上述证据无法单独办理公证、认证等证明手续作出合理说明。结合可在域内经由公开出版物获取的巴西《公证及登记法》相关条款，及已办理公证、认证等证明手续《检验报告》实际亦未单独对银行水单、发票等付款凭证办理公证、认证等证明手续的情况来看，应采信裕廊公司作出的解释。且上述证据属于商业票据、单据，依照《最高人民法院涉外商事海事审判实务问题解答》第十六条来看，属于“国际流通的商业票据”，应认定其无须办理公证、认证等证明手续。换言之，其与其他域内民事证据具有同等证明力。经审核认定，上述证据能够证明款项已经实际支付给相应修理方，应确认其证明力。

综上，本案认可了未经公证、认证等证明手续证据的证明力，并作出了相应处理结果的做法是正确的，并为今后类似案件的处理提供了参考指引。

（**一审法院合议庭成员** 陈顺平 欧阳宏伟 边 红
二审法院合议庭成员 李 彤 李善川 张 昕
编写人 天津市高级人民法院 张 昕
责任编辑 黄西武
审稿人 王淑梅）

关安钢诉施书铎、李民船舶买卖合同纠纷案

——船舶是否交付的认定

关键词：船舶交付　合同签订时　船舶的占有人

【裁判要旨】

认定船舶是否交付的关键在于涉案船舶是否在签订买卖合同时已经在被告施书铎的占有之下。

【相关法条】

《中华人民共和国合同法》第一百二十条　当事人双方都违反合同的，应当各自承担相应的责任。

第一百三十条　买卖合同是出卖人转移标的物的所有权于买受人，买受人支付价款的合同。

第一百三十二条　出卖的标的物，应当属于出卖人所有或者出卖人有权处分。

法律、行政法规禁止或者限制转让的标的物，依照其规定。

第一百三十五条　出卖人应当履行向买受人交付标的物或者交付提取标的物的单证，并转移标的物所有权的义务。

第一百三十六条　出卖人应当按照约定或者交易习惯向买受人交付提取标的物单证以外的有关单证和资料。

第一百四十条　标的物在订立合同之前已为买受人占有的，合同生效的时间为交付时间。

第一百四十七条　出卖人按照约定未交付有关标的物的单证和资料的，不影响标的物毁损、灭失风险的转移。

《中华人民共和国海商法》第二十五条 船舶优先权先于船舶留置权受偿，船舶抵押权后于船舶留置权受偿。

前款所称船舶留置权，是指造船人、修船人在合同另一方未履行合同时，可以留置所占有的船舶，以保证造船费用或者修船费用得以偿还的权利。船舶留置权在造船人、修船人不再占有所造或者所修的船舶时消灭。

《中华人民共和国担保法》第八十六条 留置权人负有妥善保管留置物的义务。因保管不善致使留置物灭失或者毁损的，留置权人应当承担民事责任。

《中华人民共和国民事诉讼法》第一百四十四条 被告经传票传唤，无正当理由拒不到庭的，或者未经法庭许可中途退庭的，可以缺席判决。

【案件索引】

重审一审：青岛海事法院（2012）青海法海商重字第2号（2014年6月17日）

重审二审：山东省高级人民法院（2015）鲁民四终字第31号（2015年6月17日）

【基本案情】

2008年9月10日，关安钢与山东莱州三山岛亨通船舶有限公司（以下简称修船厂）签订了买卖协议，协议约定："因欠罚款叁拾柒万元人民币，经双方协商关安钢1400吨货轮卖给莱州三山岛亨通船舶有限公司，价值人民币110万元整。船上所有随船物品必须随船交付，不准动用，否则按价值赔偿。赔赚及出现一切债务问题与关安钢无关。付款方式：经双方协商在30天之内将款付清。必须经过丛桂全、关安钢两人在场现金支付。以前协议作废。备注：修船厂如卖（140万）修船厂支付（115万元）由担保人负责。"该买卖协议由丛桂全、关安钢作为甲方签名并摁手印，施书铎作为乙方签名并摁手印，李民作为担保人签名并摁手印。

原告与被告均确认买卖合同的卖方为关安钢，买方为施书铎，协议所涉及的船舶名称为"恒盛兴228"，关安钢为实际所有权人。

协议中"因欠罚款叁拾柒万元人民币"中的37万元，原告称系因无钱足额支付修船费，压坞时间较长，被告施书铎收取的压坞费；被告施书铎称37万元系原告拖欠的修船费、压坞费及违约金。在原审庭审中关安钢与施书铎均认可在签订买卖协议当时，双方同意该37万元从买船款中扣除。

关安钢称签订完上述协议后已经将“恒盛兴228”轮的手续通过李民转交给施书铎，而施书铎称从未见过该船舶的任何手续，关安钢和施书铎对上述交付船舶手续的陈述均没有提交证据证明。关安钢与施书铎对“恒盛兴228”轮没有办理正式的船舶交接手续，没有办理船舶过户，施书铎没有向原告支付购船款。

关于船舶的留置情况：2008年5月18日，关安钢将“恒盛兴228”轮送到施书铎的修船厂进行修理，2008年7月18日修理完毕，关安钢在验收单上签字确认。因欠修船费，施书铎留置了该轮。2008年8月22日、26日、27日，关安钢分3次支付给施书铎修船费共计16万元，施书铎出具了收条。此时关安钢还拖欠施书铎37万元，施书铎仍将“恒盛兴228”轮留置在其修船厂。对此事实关安钢与施书铎均予以确认。

关于船舶的拆解情况。关安钢陈述称：因欠付施书铎37万元无法支付才与其签订了买卖协议，签订协议后关安钢就回老家了。直至2008年秋后，关安钢才知道船被施书铎、李民伙同第三人丛桂全拆掉卖了废铁。维修时船上有一名船员看船。被告施书铎陈述称，因关安钢没有能力支付修船费，与其签订了船舶的买卖协议，但关安钢并没有和施书铎进行船舶交接，也没有交付船舶的有关手续，没有实际履行合同。施书铎没有将该船拆掉卖废铁，该船自始至终都是由关安钢与李民、丛桂全控制和管理。当时关安钢的船上有一个姓孙的轮机长负责船舶的看护和管理。拆船、卖船都是由丛桂全、李民和姓孙的轮机长负责，被告施书铎并没有参与。丛桂全与李民拆船时向被告施书铎出示了关安钢与丛桂全签订的“恒盛兴228”轮的买卖协议和原告关安钢收到丛桂全27万定金的收条并告知施书铎：该轮在2008年9月10日签订买卖协议之前已经由关安钢卖给丛桂全。施书铎当时认为船属丛桂全所有，没有权利干涉丛桂全，因此，在丛桂全和李民找人拆船的时候并没有制止。原告关安钢的上述陈述未提交证据予以证明。被告施书铎的上述陈述有证人姜志刚和鹿洪涛予以证明。

被告施书铎认可，“恒盛兴228”轮从2008年5月18日进坞修理直至被李民和丛桂全找人拆了卖掉，整个期间均放置在被告施书铎的修船厂，船舶一直在坞上，离开了水面，下坞需要船东提出申请，结清费用，船厂用绞车将船舶放入海中，没有绞车的协助不能下坞。但施书铎主张这段期间船上一直有一个姓孙的轮机长，该轮一直处于原告关安钢、第三人丛桂全和被告李民的控制和管理之下。

原告关安钢诉称：2008 年 7 月，原告与丛桂全签订船舶买卖协议，约定丛桂全在 2008 年 8 月 20 日前给付原告定金 27 万元。由于定金未按期给付，原告将该船送进被告施书铎的船厂修理。其间，丛桂全给付了定金，但不交船款，原告无钱足额支付修船费，被告施书铎趁机敲诈，扣押原告的船只，且每天罚款 1 万元。2008 年 9 月 10 日，被告施书铎、李民与丛桂全互相串通，用威胁恐吓的手段，强迫原告签订买卖协议，约定被告以 110 万元的价格购买原告 1400 吨的货船，约定协议签订 20 至 30 天内付清船款，逾期付款的，每逾期 1 天支付违约金 1 万元。被告李民作为买方的担保人承担担保责任。原告被迫将船交付给了被告。被告施书铎、李民伙同丛桂全将该船拆掉卖了废铁，却一直未向原告支付船款。虽经原告多次催要仍拒绝付款。原告为维护自己的合法权益，特诉至法院，请求判令：二被告连带给付原告购船款 110 万元及违约金 60 万元。

被告施书铎辩称：（1）原告并没有提供充分证据证明其是涉案船舶的合法所有人或者经营人，依法不具备原告的诉讼主体资格，对本案不享有诉权；（2）被告施书铎并没有像原告所诉称趁机敲诈、扣押原告船只且每天罚款 1 万元，并与李民、丛桂全用威胁恐吓的手段强迫原告签订协议，也没有与李民、丛桂全合伙将该船拆掉卖废铁。相反，是原告与李民、丛桂全合伙恶意串通欺骗第一被告，至今拖欠船舶维修费、压坞费等未支付，给被告施书铎造成了严重的经济损失；（3）原告采取一船两卖的方式，先将该船已经卖予丛桂全，对该船实际没有所有权和处分权的情况下，又采取恶意欺骗的方式将该船卖予被告施书铎，用以抵扣拖欠的船舶修理费和压坞费。被告施书铎在对此毫不知情的情况下与原告签订了买卖协议。当时被告施书铎出资 110 万元购买的是适航的船舶，双方约定船上所有随船物品必须随船交付，但原告迟迟不能提交船舶国籍证书、船舶所有权证书、船舶适航证书、设计图纸等随船必备的办理船舶过户所必需的相关手续，双方因此也无法办理船舶交接手续，造成协议无法履行。被告施书铎后来才得知原告将船先卖给了丛桂全，原告并不享有实际的所有权和处分权；（4）原告并没有就本案诉争的船舶与被告施书铎办理船舶交接手续，被告施书铎从未对该船进行过实际管理和控制，更没有将该船拆掉卖废铁，该船自始至终都是由原告与李民、丛桂全控制和管理。丛桂全、李民又将该船卖予车承湖。后关安钢与李民、丛桂全三人又决定将该船拆掉卖废铁。拆船、卖船都是由丛桂全、李民负责，被告施书铎并没有参与。综上，原告并不是本案适格的主体，并且原告的起诉缺乏事实和法律依据，施书铎不应作为本案的被告，请求法院依法驳回原告对被告施书铎的诉讼请求。

被告李民、第三人丛桂全缺席未答辩。

【裁判结果】

青岛海事法院于2014年6月17日作出（2012）青海法海商重字第2号民事判决：一、被告施书铎应向原告关安钢赔偿损失人民币21.9万元；二、驳回原告对被告施书铎的其他诉讼请求；三、驳回原告对被告李民诉讼请求。宣判后，原告关安钢提出上诉。山东省高级人民法院于2015年6月17日作出（2015）鲁民回终字第31号民事判决：变更重审判决第一项为施书铎应于本判决之日起10日内向关安钢支付船舶价款73万元，维持重审判决第二、三项判决内容。

【裁判理由】

本案系发回重审案件，青岛海事法院经审理认为，本案争议的主要焦点有三个：第一，船舶买卖合同的效力问题。关安钢为“恒盛兴228”轮的实际所有权人，其对涉案船舶享有处分权，有权作为出卖人与施书铎签订买卖合同，涉案买卖合同合法有效。

第二，船舶买卖合同的履行问题。2008年5月18日，关安钢将“恒盛兴228”轮送到施书铎的修船厂进行修理，因欠付施书铎37万元修船费、压坞费未付，该船舶被施书铎留置，之后双方于2008年9月10日签订了买卖合同，在原审庭审中双方均认可在签订买卖协议时，同意该37万元从买船款中扣除。因此，该协议是施书铎行使留置权后以船舶折价抵债的买卖协议，双方均应该按照约定和法律规定履行义务。《合同法》第一百二十条规定：当事人双方都违反合同的，应当各自承担相应的责任。对于本案船舶买卖合同未能履行关安钢与施书铎都负有相应的责任，关安钢作为出卖人，在签订买卖合同后即长期离开未履行交付船舶及单证资料的义务，致使施书铎无法辨别船舶所有权人，而且其指派看船的船员未履行妥善看管船舶义务，对买卖合同的无法履行负有较大过错，承担70%责任为宜；施书铎作为留置权人对船舶未尽妥善保管义务，对买卖合同的无法履行负有一定过错，承担30%责任为宜。因此，本案买卖合同因未实际交付而未能履行，因合同未履行而造成的损失包括两部分：一部分为给关安钢造成的船舶价值损失买船款110万元；另一部分为给施书铎造成的37万元修船款损失，两部分损失抵扣后因合同未履行给关安钢造成的损失为 73 万元。因此，施书铎应当赔偿因合同未履行给关安钢造成的损失 73 万元的 30%，即 21.9 万元。

第三，被告李民的身份问题。对于李民的担保责任，关安钢与施书铎均确认担保的是如果涉案船舶自己不用，再另售与他人，则由担保人负责，担保的内容没有明确约定。从担保条款的字面意思上看出李民担保的前提条件是如果施书铎将涉案船舶另行以 140 万元的价格出售，则李民担保施书铎向关安钢支付 115 万元而非 110 万元的价款。因此，李民即便是作为担保人，在本案船舶被拆解的情形下，其承担担保责任的条件并不成立，难以确定其担保责任。因此，原告对被告李民的诉讼请求没有事实和法律依据，一审法院不予支持。

二审法院经审理查明：施书铎系山东莱州三山岛亨通船舶有限公司的法定代表人。

2010 年 9 月 7 日，在案件原第一审庭审程序中，关安钢认可买卖协议中 37 万元应从 110 万元购船款中扣除的内容，但签订合同后又不同意。

本案当事人争议的焦点问题有以下两方面：（1）关安钢是否按照船舶买卖协议的约定履行了其应尽的合同义务，施书铎是否应向关安钢支付船款，应支付多少船款；（2）李民是否应对施书铎承担的给付责任承担连带责任。

关于第一个焦点问题。关安钢系涉案船舶“恒盛兴 228”轮的实际所有人，其与施书铎签订的船舶“买卖协议”合法有效，双方应按该协议的约定履行合同义务。关安钢作为船舶卖方，应依约、依法律规定向施书铎交付船舶。对于船舶实物交付，本案船舶买卖协议签订前，施书铎即因关安钢欠付船舶修理有关的费用而将船舶留置在其修船厂，施书铎已占有涉案船舶，故根据《合同法》第一百四十条的规定，船舶买卖协议签订生效之时就应视为关安钢将船舶实物交付于施书铎。对于本案船舶有关单证资料交付，因关安钢仅陈述其将有关船舶单证资料交付给李民、由李民转交给施书铎，但没有证据予以证实，施书铎不认可收到相关单证资料，故法院认定关安钢关于其已向施书铎交付船舶相关单证资料的主张不成立。由此，关安钢仅向施书铎交付了船舶实物，其对船舶买卖协议的履行存有瑕疵。船舶实物交付于施书铎后被拆解。施书铎主张，其认为丛桂全系船舶所有人，丛桂全有权拆船。法院认为，关安钢与丛桂全签订的《双方购船买卖协议》先于关安钢与施书铎的船舶买卖协议，且丛桂全也在施书铎购船的买卖协议上签名捺印，应视为丛桂全同意关安钢将船舶另出卖给施书铎，施书铎对此能够知晓，施书铎的上述抗辩理由不能成立。对与施书铎关于船舶被丛桂全、李民及关安钢指派看船员拆解的陈述，因施书铎提交的证人姜志刚的证言内容不明确，证人鹿洪涛系其修理厂员工，与施书铎有利害关系，故对该两份证据二审法院不予采信，施书铎的上述陈述没有证据证实。

根据《合同法》第一百四十七条的规定，虽然关安钢未交付船舶的有关单证资料，但船舶实物已交付与施书铎，船舶实物毁损、灭失的风险应转移至施书铎。在船舶始终放置于施书铎的修理厂内、施书铎应当知道且有能力控制船舶的情况下，船舶仍被拆解，应认为拆解事实并不违反施书铎的意愿。由此推知，关安钢未交付船舶相关单证资料的履行瑕疵并不影响施书铎签订船舶买卖协议合同目的的实现，施书铎在受领船舶实物的情况下，无权以关安钢未交付船舶相关单证而拒绝履行付款义务。买卖协议明确约定施书铎应在合同签订后 30 日内将款付清，则施书铎应如约履行合同义务，向关安钢支付相应船款。将 37 万元从 110 万元约定船款中扣减，施书铎应支付的船款为 73 万元。

对于关安钢诉请的60 万元违约金，因关安钢与施书铎在买卖协议中并未就违约金事项达成一致意见。"过期每日罚购方（壹万元）"字样系关安钢单方写于买卖协议中，施书铎对此不予认可，故对关安钢的该项诉请，二审法院不予支持。

关于第二个焦点问题李民的担保责任二审法院同意青岛海事法院的观点。

【案例注解】

本案原告于2009 年向天津市塘沽区人民法院提起诉讼，后该案移送至青岛海事法院，青岛海事法院经审理于2010 年 9 月 17 日作出了（2010）青海法海商初字第 23 号民事判决书，因为关安钢并非船舶的登记所有权人，所以认为涉案买卖合同无效。原告关安钢不服该判决，向山东省高级人民法院提起上诉，在上诉中关安钢提交证据证明其为船舶实际所有权人，山东省高级人民法院审理后，以原判认定事实不清，证据不足为由，作出了（2012）鲁民四终字第 79 号民事裁定书，撤销（2010）青海法海商初字第23 号民事判决，发回青岛海事法院重审。青岛海事法院作出（2012）青海法海商重字第 2 号民事判决书，关安钢不服，又上诉于山东省高级人民法院，山东省高级人民法院于 2015 年 6 月 17 日作出二审终审判决。审理过程中，被告李民与第三人丛桂全均下落不明，采用公告方式送达二审判决。关安钢与施书铎的船舶买卖合同纠纷案件历经多年，因为双方在合同签订及船舶留置环节均操作不规范，以船抵账甚至一船二卖，导致船舶被非法拆解。这也是导致一二审产生分歧观点之处，一审认为虽然施书铎对船舶行使了留置权，因为本案船舶被留置期间，关安钢指派了一名姓孙的轮机长负责看管船舶，可见船舶并非完全在施书铎的占有之下。二审认为施书铎因关安钢欠付船舶修理有关的费用而将船舶留置在其修船厂，即已占有涉案船舶，因此，自协议签订生效之日即为船舶实物交付之时，船舶实物毁损、灭失的风险转移至施书铎处。因此，认定船舶是否交付的关键在于涉案船舶是否在签订买卖合同时已经在被告施书铎的占有之下。根据查明的事实，关安钢欠付施书铎修船费和压坞费，施书铎有权对船舶行使留置权。而且施书铎当庭确认其已经对船舶行使了留置权。《海商法》第二十五条第二款规定，船舶留置权，是指造船人、修船人在合同另一方未履行合同时，可以留置所占有的船舶，以保证造船费用或者修船费用得以偿还的权利。船舶留置权在造船人、修船人不再占有所造或者所修的船舶时消灭。涉案船舶从2008年5月18日进坞修理直至被拆解卖掉，整个期间均放置在被告施书铎的修船厂，船舶一直在坞上离开了水面，若下坞需要船东提出申请、结清费用，船厂用绞车将船舶放入海中，没有绞车的协助船舶不能下坞。因此，可以认定涉案船舶自2008年5月18日上坞修理之日起至2008年9月10日签订买卖合同时一直在施书铎的占有之下。《合同法》第一百四十条规定，标的物在订立合同之前已为买受人占有的，合同生效的时间为交付时间。施书铎在买卖合同签订前已经占有了该船舶，行使了留置权，自双方签订的买卖合同生效之日即产生船舶交付的法律效力，涉案船舶已经交付给被告施书铎。因此，二审法院的认定是更准确适当的。

（**一审法院合议庭成员**　王爱玲　孙　鹏　张　波
二审法院合议庭成员　董　兵　吴之翔　冯玉菡
编写人　青岛海事法院　王爱玲
责任编辑　黄西武
审稿人　王淑梅）

行政及国家赔偿

徐某诉北京市规划和国土资源管理委员会房屋行政登记案

——房屋登记机关应尽到形式审查为主、实质审查为辅的审查义务

关键词：房屋行政登记　重复颁证　善意取得

【裁判要旨】

不动产登记工作中，不动产登记机构应当查验申请人提供的权属证明和其他必要材料，并就有关登记事项询问申请人。若申请人所提交的材料不齐全，房屋登记部门即为申请人办理房屋所有权转移登记手续，属于未尽到审慎审查义务；不动产转让中，受让人因信赖出让人为登记簿上记载的权利人而购买不动产是认定受让人善意的基本条件，若出让人并非登记权利人，受让人则没有理由相信出让人有处分权，如果受让人与出让人发生交易，受让人则不存在善意的可能性。

【相关法条】

《中华人民共和国物权法》第一百零六条　无处分权人将不动产或者动产转让给受让人的，所有权人有权追回；除法律另有规定外，符合下列情形的，受让人取得该不动产或者动产的所有权：

（一）受让人受让该不动产或者动产时是善意的；

（二）以合理的价格转让；

（三）转让的不动产或者动产依照法律规定应当登记的已经登记，不需要登记的已经交付给受让人。

受让人依照前款规定取得不动产或者动产的所有权的，原所有权人有权向无处分权人请求赔偿损失。当事人善意取得其他物权的，参照前两款规定。

《房屋登记办法》第三十二条 发生下列情形之一的，当事人应当在有关法律文件生效或者事实发生后申请房屋所有权转移登记：

（一）买卖；

（二）互换；

（三）赠与；

（四）继承、受遗赠；

（五）房屋分割、合并，导致所有权发生转移的；

（六）以房屋出资入股；

（七）法人或者其他组织分立、合并，导致房屋所有权发生转移的；

（八）法律、法规规定的其他情形。

第三十三条 申请房屋所有权转移登记，应当提交下列材料：

（一）登记申请书；

（二）申请人身份证明；

（三）房屋所有权证书或者房地产权证书；

（四）证明房屋所有权发生转移的材料；

（五）其他必要材料。

前款第（四）项材料，可以是买卖合同、互换合同、赠与合同、受遗赠证明、继承证明、分割协议、合并协议、人民法院或者仲裁委员会生效的法律文书，或者其他证明房屋所有权发生转移的材料。

【案件索引】

一审：北京市平谷区人民法院（2017）京0117行初15号（2017年8月31日）

二审：北京市第三中级人民法院（2017）京03行终630号（2017年11月13日）

【基本案情】

1995 年 3 月 13 日，原告徐某与中侨公司签订《售房协议书》，约定中侨公司将涉案房屋出售给原告。1995 年 6 月 9 日，原北京市房地产管理局向徐某颁发第6597 号房产所有证。2009 年6 月26 日，中侨公司、马某某向北京市平谷区住房和城乡建设委员会提出涉案房屋所有权转移登记申请2009 年 7 月 3 日，北京市住房和城乡建设委员会（以下简称“北京住建委”）为马某某颁发第××××号房屋所有权证。原告徐某不服，提起本案之诉。2012 年 2 月 14 日，应马某某、刘某某申请，北京市住建委将涉案房屋登记为马某某、刘某某夫妻二人共同共有，北京市住建委为马某某颁发第××××号房屋所有权证，为刘某某颁发第××××号房屋所有权证。涉案房屋现由马某某、刘某某居住。

【裁判结果】

北京市平谷区人民法院作出京 0117 行初 15 号行政判决：判决确认北京市住建委（现职能由被告北京市规划和国土资源管理委员会承担）向第三人马某某颁发×京房权证平字第××××号《房屋所有权证》的行为违法。

北京市第三中级人民法院作出（2017）京 03 行终 630 号行政判决：驳回上诉，维持一审判决。

【裁判理由】

首先，北京市规划和国土资源管理委员会（以下简称“北京市规土委”）系本案适格被告。根据《物权法》和《房屋登记办法》的规定，房屋登记由房屋所在地的房屋登记机构办理。直辖市、市、县人民政府房地产主管部门或者其设置的负责房屋登记工作的机构是房屋的登记机构。2009 年，北京市住建委作为涉案房屋所在地的房屋行政主管部门，对其辖区内房屋行政登记申请依法具有受理、审查并作出登记的行政职权。根据《关于整合本市不动产登记职责的通知》（京编办发［2015］10 号）的规定，原由北京市住建委负责的房屋登记工作移交给原北京市国土资源局。根据《北京市人民政府办公厅关于设立北京市规划和国土资源管理委员会、北京市城市管理委员会的通知》

（京政办发［2016］33 号）的规定，原北京市国土资源局的职责归入北京市规土委，故北京市规土委系本案适格被告。

其次，北京市住建委为第三人马某某颁发第××××号房屋所有权证时未尽到审慎审查义务。根据《物权法》第十二条第一款、第二款之规定，不动产登记机构应当查验申请人提供的权属证明和其他必要材料，并就有关登记事项询问申请人。《房屋登记办法》第三十二条第（一）项规定，买卖房屋的当事人应当申请房屋所有权转移登记。第三十三条规定："申请房屋所有权转移登记，应当提交下列材料：（一）登记申请书；（二）申请人身份证明；（三）房屋所有权证书或者房地产权证书；（四）证明房屋所有权发生转移的材料；（五）其他必要材料。前款第（四）项材料，可以是买卖合同、互换合同、赠与合同、受遗赠证明、继承证明、分割协议、合并协议、人民法院或者仲裁委员会生效的法律文书，或者其他证明房屋所有权发生转移的材料。"根据上述规定，买卖房屋应办理房屋所有权转移登记，办理房屋所有权转移登记应提交房屋权属证书等材料。本案中，北京市平谷区××经济技术开发公司于 2009 年以房屋所有权人的身份向马某某出售涉案房屋，应按转移登记程序向房屋登记机关提交房屋权属证书等材料，但现有证据显示，涉案房屋的权属登记申请材料中缺失北京市平谷区××经济技术开发公司的房屋权属证书，即申请人所提交的材料并不齐全。在此情况下，北京市住建委仍然为北京市平谷区××经济技术开发公司与马某某办理了房屋所有权转移登记手续，未尽到审慎审查义务；同时，根据房屋登记档案的记载，涉案房屋已于 1995 年 6 月 9 日登记于原告徐某名下，原告徐某持有第 6597 号房产所有证，而北京市住建委在 2009 年为北京市平谷区××经济技术开发公司与马某某办理房屋所有权转移登记时，未审核清楚涉案房屋已经登记颁证的事实，对同一标的物重复颁发权利证书，属认定事实不清。

最后，马某某对涉案房屋所有权的取得不符合善意取得情形。根据《物权法》第一百零六条第一款的规定，构成善意取得必须同时具备以下三个条件：（1）受让人是善意的，不知出让人是无权处分人；（2）以合理的价格转让；（3）转让的财产依照法律规定应当登记的已经登记，不需要登记的已经交付给受让人。对于不动产转让而言，受让人因信赖出让人为登记簿上记载的权利人而购买不动产是认定受让人善意的基本条件，若出让人并非登记权利人，受让人则没有理由相信出让人有处分权，如果受让人与出让人发生交易，受让人则不存在善意的可能性。本案中，北京市平谷区××经济技术开发公司与马某某办理房屋所有权转移登记时，北京市平谷区××经济技术开发公司并不持有房屋所有权证，马某某仍然与中侨公司发生交易，明显不属于善意取得的基本条件。

综上，北京市住建委为北京市平谷区××经济技术开发公司与马某某办理的房屋所有权转移登记行为违法，且马某某并非善意取得人。因涉案房屋所有权于2012年再次发生转移登记，故本案被诉房屋所有权转移登记行为虽违法，但已被登记机构改变，不具有可撤销内容，应确认违法。

【案例注解】

一、不动产登记机关的审查标准问题形式审查还是实质审查

不动产登记机关的审查，是不动产登记所有环节中最重要的一环，不动产登记机关采用形式审查抑或实质审查，对登记的公信力、登记的效率以及登记错误的责任承担有不同的影响。目前，在不动产登记案件中最大的问题就是缺乏明确的标准来界定登记行为的合法性，进而直接导致同类案件审查标准宽严不一。主张采用形式审查标准的观点认为，登记机关只审查当事人的材料，只要当事人递交的材料符合形式要件，材料上记载的事项有无瑕疵，在所不问。主张采用实质审查标准的观点认为，登记机关不但要审查申请提交的材料是否完备，手续是否齐全，还要负责审查材料的真实性、合法性、有效性。本案中，法院认为，不动产登记机关的审查，应当以形式审查为主，实质审查为辅。对于当事人的登记申请，依据《物权法》和《不动产登记暂行条例》的规定，登记机关审查的内容包括对权利主体、权利客体和权利内容审查三项：对权利主体的审查，对权利客体的审查，对权利内容的审查。

本案中，北京市住建委并未尽到以形式审查为主、实质审查为辅的审查义务。首先，北京市平谷区××经济技术开发公司于2009年以房屋所有权人的身份向马某某出售涉案房屋，应按转移登记程序向房屋登记机关提交房屋权属证书等材料，但现有证据显示，涉案房屋的权属登记申请材料中缺失中侨公司的房屋权属证书，即申请人所提交的材料并不齐全。其次，涉案房屋已于1995年6月9日登记于原告徐某名下，原告徐某持有第××××号房产所有证，这在房屋登记部门的登记簿上应该有所记载。在北京市平谷区××经济技术开发公司与马某某提出房屋所有权转移登记申请时，北京市住建委就应当对不动产登记簿上记载的权利人进行核对，对合同上记载的不动产权利人与不动

产登记簿上的是否一致进行核对，这才符合登记机关对权利主体、权利客体、权利内容的审查要求，但登记机关未审查清楚，致使出现“一房两证”，对同一标的物重复颁发权利证书。

二、房屋行政登记案件中对第三人善意取得如何判断

《最高人民法院关于审理房屋登记案件若干问题的规定》第十一条第三款规定：“被诉房屋登记行为违法，但判决撤销将给公共利益造成重大损失或者房屋已为第三人善意取得的，判决确认被诉行为违法，不撤销登记行为。”如果经过审查，被诉房屋登记行为违法，那么即应当判断是否涉及“公共利益”以及“第三人善意取得”来决定采取确认违法判决还是撤销判决。根据《最高人民法院行政审判庭关于审理行政案件时对善意取得适用法律问题的答复》以及《最高人民法院关于审理房屋登记行政案件中发现涉嫌刑事犯罪问题应如何处理的答复》，人民法院在行政诉讼中可以对是否构成善意取得作出认定。

根据《物权法》第一百零六条第一款的规定，构成善意取得必须同时具备以下三个条件：（1）受让人是善意的，不知出让人是无权处分人；（2）以合理的价格转让；（3）转让的财产依照法律规定应当登记的已经登记，不需要登记的已经交付给受让人。不动产善意取得中的无权处分应指登记错误之情形。二审法院专门对不动产善意取得中的无权处分进行明确限定：（1）权利人基于非依法律行为的物权变动取得房屋所有权，但未办理宣示登记，房屋登记在他人名下，登记人擅自以自己名义处分房屋的；（2）因房屋登记机关登记错误，致使房屋登记簿上记载的原所有权消灭，产生了新的登记权利，登记人擅自以自己名义处分房屋的；（3）夫妻共同共有及其他法定共有房屋仅登记在其中部分共有人名下，登记人未经占份额2/3以上的按份共有人或全体共同共有人同意，擅自以自己名义处分房屋的；（4）出卖人转让房屋并办理了所有权转移登记，其后买卖合同被确认无效或被撤销、解除，尚未办理所有权回复登记，登记人（买受人）擅自以自己名义处分房屋的；（5）其他无权处分房屋的情形。

本案的房屋所有权转移不适用善意取得，如前所述，不动产善意取得中的无权处分应为登记错误，且处分人与登记人应为同一人。本案中，涉案房屋的登记并不存在错误，徐某为房屋的真实权利人，房屋也确实登记在徐某名下。北京市平谷区××经济技术开发公司作为此次转移登记中的处分人，并不持有房屋所有权证，即处分人与登记权利人不同一，北京市平谷区××经济技术开

发公司的处分行为不属于不动产善意取得中特指的无权处分。即使买受人马某某系处于善意参与房屋交易，并已经支付合理对价和办理房屋转移登记，亦不能善意取得涉案房屋的所有权。

（**一审法院合议庭成员** 郝玉洁 张福江 李启顺
二审法院合议庭成员 韩 勇 陈金涛 王琪琼
编写人 北京市平谷区人民法院 白雪英 郝玉洁
责任编辑 韩德强
审稿人 王振宇）

喀什市广源汽车修理厂诉喀什市人民政府、喀什市夏马勒巴格镇人民政府房屋行政强制拆除及行政赔偿案

——错列共同被告之级别管辖的适用

关键词：行政赔偿　共同被告　级别管辖

【裁判要旨】

法院经审理查明原告错列较高层级行政机关为共同被告，经依法释明原告拒绝变更的，应裁定驳回原告对错列被告的起诉，同时，应就其他符合起诉条件的诉讼请求继续进行审理，直至作出相应裁判。驳回裁定和一审判决可分别作出，也可按照“判决吸收裁定”的方式被之后作出的实体结论所吸收，并作为其主文之一，以判决书的形式送达当事人。当事人对其中任一判项不服，均可按照判决规定的上诉期进行权利救济。

【相关法条】

《中华人民共和国行政诉讼法》第二十四条第一款　上级人民法院有权审理下级人民法院管辖的第一审行政案件。

第二十六条第四款　两个以上行政机关作出同一行政行为的，共同作出行政行为的行政机关是共同被告。

第四十九条第（四）项　提起诉讼应当符合下列条件：（四）属于人民法院受案范围和受诉人民法院管辖。

《最高人民法院关于适用〈中华人民共和国行政诉讼法〉的解释》第六十九条第一款第一项、第三项　有下列情形之一，已经立案的，应当裁定驳回起

诉：（一）不符合行政诉讼法第四十九条规定的；（三）错列被告且拒绝变更的；

【案件索引】

一审：新疆维吾尔自治区喀什地区中级人民法院（2015）喀中法行初字第6号（2016年9月10日）

二审：新疆维吾尔自治区高级人民法院（2016）新行终229号（2017年2月10日）

【基本案情】

原告（上诉人）喀什市广源汽车修理厂（以下简称广源汽修厂）诉称：广源汽修厂具备合法的土地使用证、房产证及个体工商户营业执照。2014年被告（被上诉人）喀什市人民政府（以下简称喀什市政府）下发《促进存量国有土地升级改造提高土地利用效益的意见（试行）》，决定对广源汽修厂所在片区建设商业、服务业项目。2015年5月2日凌晨2时许，被告（被上诉人）喀什市夏马勒巴格镇人民政府（以下简称夏镇政府）在未履行法定义务的前提下将广源汽修厂的房屋强行拆除。因多次协商赔偿事宜未果，故请求原审法院判令：（1）确认喀什市政府、夏镇政府强拆广源汽修厂房屋的行为属违法行为。（2）喀什市政府、夏镇政府赔偿广源汽修厂房屋损失1870140元，围墙5万元，土地134399元，装修费用39077元，以上合计2093616元。（3）本案的诉讼费由喀什市政府、夏镇政府承担。

被告（被上诉人）喀什市政府辩称：其没有参与广源汽修厂房屋的拆除行为，将其列为本案被告主体不适格。

被告（被上诉人）夏镇政府辩称：广源汽修厂的房屋属于道路拆迁范围，夏镇政府实施拆除行为正确，不存在违法行为。

法院经审理查明：党广益于2012年6月26日取得个体工商户营业执照，经营广源汽修厂，土地使用证号为喀国用（2006）第006055号，组织机构代码有效期自2015年4月9日至2019年4月8日。2015年1月12日，中共喀什市委办公室、喀什市政府办公室联合下发《关于印发〈喀什市西二环路沿线环境专项整治工作方案〉的通知》（喀市党办发［2015］1号），决定启动喀什市老城区特色街景打造项目（西二环路段）。后喀什市房屋征收与补偿安置管理中心（以下简称市征补中心）根据《喀什市房屋征收与补偿安置指导意见》，与夏镇政府签订《喀什市房屋征收实施委托书》，由夏镇政府承担房屋征收的具体工作。夏镇政府未能与广源汽修厂就征收补偿数额达成一致意见。2015 年 5 月 2 日，夏镇政府强制拆除了广源汽修厂的部分房屋共计 311. 69 平方米，占用广源汽修厂的土地 395. 29 平方米。

【裁判结果】

喀什地区中级人民法院于 2016 年 9 月 10 日作出新疆维吾尔自治区喀什地区中级人民法院（2015）喀中法行初字第 6 号行政裁定：驳回原告广源汽车修理厂的起诉。

广源汽修厂不服原审判决，提出上诉。新疆维吾尔自治区高级人民法院于 2017 年 2 月 10 日作出（2016）诉行终 229 号行政裁定：一、撤销一审裁定；二、本案指令新疆维吾尔自治区喀什地区中级人民法院继续审理。

【裁判理由】

法院生效裁定认为：根据《行政诉讼法》第十五条第（一）项之规定，中级人民法院管辖对县级以上地方人民政府所作的行政行为提起诉讼。本案中广源汽修厂将喀什市政府和夏镇政府作为共同被告起诉，一审法院也予以审查并立案，在案件审理中，广源汽修厂并未变更诉讼对象即被告，不论其诉讼请求是否成立，受诉人民法院的管辖权均不受事实和法律状态变更的影响。《最高人民法院关于适用〈中华人民共和国行政诉讼法〉若干问题的解释》（以下简称《适用解释》）第三条第一款第（一）项仅是针对错列被告且拒绝变更的情形所做的规定，即使喀什市政府不是所诉行政行为作出者，一审法院也应在对案件进行审理后以该规定为依据驳回对喀什市政府的起诉，同时应就广源汽修厂针对夏镇政府的诉讼请求继续审理。因此，一审法院以广源汽修厂将喀什市政府列为被告错误为由认为本案不属于该院管辖范围显属对法律理解不当，二审法院予以纠正。

【案例注解】

一、行政诉讼共同被告的认定和划分

立案时的被告较为容易判断，此处仅结合被告资格与管辖权进行相应探讨。《行政诉讼法》第二十六条第四款规定："两个以上行政机关作出同一行政行为的，共同作出行政行为的行政机关是共同被告。"也就是说，构成行政诉讼中的共同被告应当符合以下要件：（1）主体要素。必须为两个以上的行政主体；（2）行为要素。"一行为一诉"是行政诉讼的基本原则（复议机关做被告的除外）。两个以上行政主体必须实施了同一个作为、不作为或者事实行为；（3）意思要素。两个以上行政主体必须要有作出行政行为的意思联络，可以是事先约定，也可以是事后追认，亦或是基于追求某一共同目标共同参与；（4）责任要素。两个以上行政机关能够对作出的行政行为承担法律上的责任。共同被告的种类，按行政级别可分为级别相同的共同被告和级别不同的共同被告；按行政诉讼的管辖级别可分为基层法院管辖的共同被告和其他法院管辖的共同被告。其中，共同被告中涉及级别高的法院管辖的案件，基本按照"就高不就低"的方式进行管辖，但若因原告错列被告，构不成共同诉讼，且不属于级别高的法院管辖时，案件如何处理，目前争议较大。

二、共同被告正确与否对案件的影响

（一）影响行政诉讼的进程

根据《行政诉讼法》第四十九条第（二）项的规定，有明确的被告是行政诉讼起诉条件之一，共同被告自不例外。但此处的被告与《行政诉讼法》第二十六条第四款中的被告略有不同。第四十九条规定的被告属于被告条件，区别于第二十六条规定的被告资格。前者仅是一个程序性起诉要件，判断标准是被诉行为是否系其作出，错列被告的后果很可能是不予立案，但错列被告且拒绝变更的，结果将会被驳回起诉（详见后文论述）；后者则是一个裁判要件，判断标准是被诉的行政行为是否符合法律规定，是否损害起诉人的合法权益，法院据此作出相应的变更、确认或者给付判决。

（二）影响行政诉讼的管辖

行政诉讼管辖，是在各级法院之间和同级法院之间分配行政案件审判权的制度。根据《行政诉讼法》第四十九条第（四）项规定，提起诉讼应当符合

受诉法院管辖，但这一条件对诉权的影响并不在于诉权的有无，而在于诉权行使的负担。基于管辖权自身的有限性，当共同诉讼存在错列被告，且产生级别管辖冲突时，是采取“就高不就低”，还是“就低不就高”，亦或是驳回起诉另行诉讼，此时如何限制和约束诉权的行使，最终决定案件由哪一级法院管辖，则是亟待解决的问题。

二、错列共同被告能否全案驳回起诉

根据《行政诉讼法》第四十九条第二项、第五十一条，《适用解释》第一条第二款[①]、第三款[②]、第三条第一款第（三）项[③]的规定，错列被告的处理可以分为立案阶段、立案后至审理阶段两个部分。立案登记制要求，法院必须对所有诉状作出相应处理。对于能够判断符合起诉条件的，应当当场登记立案；对于起诉状内容或者材料欠缺的，法院应当一次性全面告知当事人需要补正的内容、补充的材料及期限。在指定期限内补正并符合起诉条件的，应当登记立案。当事人拒绝补正或者经补正仍不符合起诉条件的，裁定不予立案，并载明不予立案的理由。也就是说，对于立案阶段起诉人错列共同被告的，法院应当予以指出并要求起诉人予以补正，该处也暗含了立案阶段法院的释明义务，起诉人拒绝补正将会导致不予立案。

在立案后阶段。首先，从法律强调的顺序出发，《适用解释》第三条第一款第（一）项规定，不符合起诉条件的，已经立案的，应当裁定驳回起诉。如前文所述，管辖是符合起诉条件与否的重要审核因素，级别管辖权限法定，法院在审理过程中发现共同被告违反级别管辖规定的，除去提及审理、管辖权转移或移送管辖等情形，均应当驳回原告的起诉。其次，从体系解释角度出发，《适用解释》第三条第一款第（三）项规定，错列被告且拒绝变更的，已经立案的，应当裁定驳回起诉。该规定表明：（1）法院的释明权贯穿于立案后至审理的整个阶段，对于原告错列被告的，有权要求其进行变更；（2）法律赋予原告在错列被告后的救济权利，可变更被告；（3）只有在法院要求原告变更错列被告，被告拒绝变更的，才能驳回起诉。此处规定的错列被告，当然包括错列共同被告的情形，也一并牵动管辖权的调整。若变更后的共同被告属于同一级别管辖，案件如何处理自不必说，但若变更后的共同被告属于不同

① 《最高人民法院关于适用〈中华人民共和国行政诉讼法〉若干解释》第一条第二款。
② 《最高人民法院关于适用〈中华人民共和国行政诉讼法〉若干解释》第一条第三款。
③ 《最高人民法院关于适用〈中华人民共和国行政诉讼法〉若干解释》第三条第一款第（三）项。

级别管辖，管辖层级低的法院面对管辖层级高的行政机关，应驳回起诉。若管辖层级高的法院面对管辖层级低的行政机关，受案法院的可选择性较强，可以驳回起诉，在其中被告为适格主体时，可以继续审理，也可以指定管辖。因此，驳回起诉可作为错列共同被告的处理方式。

三、错列共同被告能否适用“就高不就低”

适用“就高不就低”的前提是有“高”，当共同被告中层级较高的行政机关在立案后经审查被认为不是适格被告时，则同案中层级较低的行政机关再由层级较高的法院管辖，就因“高无所就”而失去了管辖权依据。但是，这与当初单纯针对层级较低的行政机关到层级较高的法院起诉毕竟有所不同，不宜一概全案驳回起诉。尤其是案件已经进行了开庭审理且对层级较低的行政机关作出的行政行为进行了一定审查之后，受诉法院也可以依照《行政诉讼法》第二十四条第一款的规定，继续对案件进行审理，以节约司法资源、避免诉讼延宕、减轻当事人诉累。如果受案法院认为存在借机抬高级别管辖的嫌疑或者有正当理由认为自己不宜对案件继续审理，也可以不由自己审理，但不亦全案驳回起诉，而应裁定驳回针对较高层级行政机关的起诉后，将案件移送有管辖权的法院。

四、错列共同被告能否适用“就低不就高”

适用“就低不就高”的基础来源于对级别管辖分析，即级别管辖应当遵循就地解决纠纷原则和按能力分配审判权原则，而后者更具有优先性。根据《行政诉讼法》第十四条规定，行政纠纷应当尽可能在当地主要是在基层法院得到解决，这是司法机制的内在要求。我国有四级法院，级别越高越应突出对下的监督和指导功能，级别越低则越应突出解决具体纠纷的功能。如果案件都集中到上级法院，则不利于发挥上述功能，司法机制也将无法正常运转。《行政诉讼法》第二十二条规定，法院发现受理的案件不属于本院管辖的，应当移送有管辖权的法院。层级较高的法院已经受理，受理后发现不属于本院管辖，且案件尚未作出实体判决，应当符合移送管辖的要件。尽管有观点主张，移送管辖主要发生在同级法院之间，对于上下级法院之间主要适用管辖权转移，但是管辖权转移是法院将本由自己管辖的案件移交给原本没有管辖权的法院，移送管辖则是法院将不属于自己管辖的案件移送到有管辖权的法院。因此，在裁定驳回针对较高层级行政机关的起诉后，采取移送管辖而不是裁定全案驳回起诉，该种方式更有利于保护当事人的诉权。但如果已经全案驳回起诉且不影响原告另行起诉的，则上级法院也没有纠正的必要。

五、处理路径的若干思考

比较上述观点可以发现，对于错列共同被告如何确定级别管辖的问题，目前尚存争议，若单采全案驳回起诉模式，虽形式上符合就地解决纠纷的原则，实质上不影响原告行使诉权，可一旦原告上诉，极有可能因为所持观点不同，造成案件发回继续审理，浪费司法资源，加大当事人诉累。单采“就高不就低”的模式，形式上符合上级法院有权审理下级法院管辖案件的规定，但实质上不符合就地解决纠纷的原则，且若有当事人对裁定驳回针对较高层级行政机关的起诉不服，则案件程序将会变得越发复杂。另外，在当前行政诉讼案件大幅增加的背景下，直接加重了上级法院的负担，下级法院反而无事可做，有悖于上下级法院监督和指导功能的实现，也不利于将纠纷解决在最基层的立法初衷。单采“就低不就高”的模式，形式上符合就地解决纠纷的原则，实质上当事人丧失了对移送管辖的救济，同时也得面对当事人对裁定驳回针对较高层级行政机关的起诉的选择。而且，从法院角度出发，判断原告是否存在借机抬高级别管辖的嫌疑较为困难，且也没有必要新设法院与当事人之间的矛盾。而生效判决采用“实体吸收程序”的裁判路径，即法院经审理查明原告错列较高层级行政机关为共同被告，经依法释明原告拒绝变更的，应裁定驳回原告对错列被告的起诉，同时应就其他符合起诉条件的诉讼请求继续进行审理，直至作出相应裁判。驳回裁定和一审判决可分别作出，也可按照“判决吸收裁定”的方式被之后作出的实体结论所吸收，并作为其主文之一，以判决书的形式送达当事人。当事人对其中任一判项不服，均可按照判决规定的上诉期进行权利救济。该种处理路径较好的综合了其他处理方式的利弊得失，虽有违反级别管辖原则之嫌，但从当事人角度出发，贵在有效保障了各方的诉权，对于纠纷作出了实体处理结论，理顺了权利救济的途径，最大限度地减少了当事人的诉累。对法院而言，则极大地节约了司法资源，有助于妥善化解矛盾纠纷，积极维护了司法公信力，因此，也不失为一种好的选择。

（**一审法院合议庭成员** 万　钧　阿地力江　汤　超
二审法院合议庭成员 努尔买买提　刘洁　马　荣
编写人 新疆维吾尔自治区喀什地区中级人民法院　汤　超
责任编辑 韩德强
审稿人 王振宇）

三、域外撷英

编者按 域外撷英专栏选择国外及港澳台地区法院的少量名判进行评析或作简要介绍，以期开阔读者视野，汲取域外裁判精华。

对《英国烟草制品标准化包装条例》合法性审查案

一、背景

本案缘起于英国议会2015年批准通过了一项《烟草制品包装标准化条例》（简称《条例》）。该《条例》旨在消除烟草制品包装对潜在消费者的吸引力，对烟草制品包装作出了标准化规定，限制烟草公司利用包装进行营销。烟草公司遂将该《条例》一纸告到法院，提请司法审查。

英国是最早签署《烟草控制框架公约》（简称《公约》）的国家之一，并于2004年12月批准《公约》。但是，英国早在此40年前就采取了控烟措施。英国1965年就禁止在电视上做烟草广告。1971年开始在烟盒上印制警示语。1984年伦敦地铁禁止吸烟。2002年禁止烟草广告促销赞助。2005年所有的火车上禁止吸烟。2006年和2007年，苏格兰、英格兰和威尔士分别开始在公共场所包括餐馆酒吧禁止吸烟。2008年开始在烟盒上印制图形警示。2012年大商场里禁止烟草制品陈列展示，2015年扩大到小商店。2015年开始在有儿童的私家车里也禁止吸烟。希斯罗国际机场也是全球前五名客流量最大的机场中的禁烟模范。

《公约》规定了一系列综合控烟措施，其中有一条就是禁止在烟草制品包装上做广告。欧盟为了落实《公约》制定了烟草制品指令（TPD，以下简称“2014年指令”），其中进一步限制烟草制品包装，扩大了包装上健康警示的面积，并且规定由成员国自行决定是否进一步采取标准化包装。

为执行《公约》和欧盟2014指令，英国议会2014年制定了《英国儿童和家庭法》，该共10章140条。第5章儿童福利共有17条，其中有5条与烟草控烟有关，即禁止未成年人买烟，禁止为未成年人买烟，禁止在有不满18岁的人在场的私家车内吸烟。其中第94条授权卫生内阁大臣规制烟草制品包装，提交议会批准。第94条共有15款，详细规定了授权的目的以及如何衡量是否达到目的。行政部门规制烟草包装的目的是“任何时候都减少对不满18岁的人和满18岁的人的危害风险，促进其健康和福祉”，限制烟草公司在烟草制品及其包装上进行品牌营销的能力。

英国的授权立法（也叫次级立法）有几种通过形式，除了规定实施日期的简单的行政决定可以自行生效外，通常都要经议会批准。议会批准也有两种不同形式：一种是消极批准，即由内阁大臣提交到议会一定时间内无人反对则为通过；另一种是积极批准，有争议或争议大的条例基本都采用这种方式，即由内阁大臣提交到议会后由议会投票批准则为通过。有意思的是，议会不批准，它不成其为法律，但议会对它审议批准的过程中，却不能对它进行修改：非黑即白，要么批，要么不批。

2015年，英国卫生部根据《英国儿童和家庭法》第94条，起草了《英国烟草制品标准化包装条例草案》。2015年2月23日草案提交到议会。3月11日，下院以367对113通过。5月16日由卫生部政务次官厄尔豪提交动议请上院通过。经过两个小时的辩论，动议获得批准，《条例》得以通过。《条例》于2016年5月20日施行。

在提请议会批准时，卫生部政务次官就提到，英国因肺癌而死亡的人多于任何其他癌症，而十个肺癌里九个由吸烟引起。每年英国因烟草而死亡的人超过10万，烟草相关疾病是英国最可预防的死亡风险。因此，政府在2011年就制定了英格兰控烟规划，考虑实行标准化烟草包装。2012年和2014年为此两次征求公众意见。而且，政府也考虑到了《条例》颁布后，烟草业会如其恐吓过的一样，起诉政府。但是，政府认为《条例》符合比例原则，是对公共卫生危机的合理应对，在法庭上是可以站得住脚的。“我们不能让烟草公司的既得利益控制了公共健康议程，我们将在法庭上为公共健康立法而辩护。”

那么，《条例》的具体内容是什么呢？《条例》对机制卷烟和手卷烟的包装的材料、形状、开口、内容、标签作了非常具体的规定。要求实行简易、标准化包装，对烟草包装上可允许出现的品牌营销进行实质性的限制，对包装的设计要素实行强制性规定。《条例》不仅规定“哑光褐色”是唯一允许用于烟草制品包装的颜色，还规定了可以合法印在包装上的文字，字体、外壳、颜色、字体、方向和大小。包装上只可以用标准化文字印制卷烟数量、生产商名称、品牌名称、规格名称，并且其品牌和规格名称必须使用指定字体、大小写、颜色、字体、方向、位置。包装表面必须光滑平整，不得有隆起、压花或类似的可辩别特征。包装必须适用统一规定的衬里。卷烟的外观为纯白色，饰面为白色或仿软木色水松纸的亚光表面。文字内容必须采用统一法定的文字说明。禁止可在零售后产生声音、味道或变化的包装。

二、原告与被告的诉讼理由

烟草公司早在《条例》征求意见阶段就说过，一旦《条例》通过，就起诉英国政府侵犯其知识产权。因此，在《条例》颁布后，英美烟草公司、菲莫公司、日本烟草公司和帝国烟草公司，以《条例》违反国际法、欧盟法、人权法、英国国内普通法为由，把英国政府起诉至高等法院王座法庭行政庭，要求对《条例》的合法性进行司法审查。

烟草公司质疑《条例》执行欧盟2004指令本身的合法性。烟草公司认为：在《条例》草案征求意见期间，政府对待烟草公司提交的专家证据方式不合法，没有给予其证据以足够的权重；《条例》对烟草公司的根本权利和自由的限制不合比例，未经补偿而征用其财产，侵犯其经营自由，《条例》在普通法意义上，超越职权，超越欧盟指令，超越欧盟法原则和国际法的原则。

本案被告是英国卫生内阁大臣。在英国，《条例》是议会制定的《儿童和家庭法》授权行政机关制定、并由议会两院批准并颁布的，《条例》本身就是议会法律的有机组成部分。但一旦《条例》被起诉到法院，并不由议会来应诉，而是由卫生内阁大臣代表国家应诉。

本案与坦恩纸品、坦帕皮埃尔纸品、伯克特公司诉英国卫生大臣案合并审理。另外，控烟机构“吸烟与健康行动”作为支持被告政府的第三人加入诉讼。

三、审理与判决

本案由英格兰威尔士高等法院王座法庭行政庭格林法官（Mr. Justice Green）独任审理。法院共收到当事人各方700多页的书面材料，其中包括27份证人证言以及大量的国内、国际上的资料文献。原告提交了来自25个专家证人的报告，被告提交了5个专家证人的报告，各专家证人报告后还都附有大量的证据。案件于2015年12月中旬开庭，庭审进行了整整7天。

2016年5月19日，格林法官作出判决，“根据本判决所指出的理由，驳回原告提请司法审查的所有诉讼请求。本《条例》在议会颁布时合法，在此时根据最新证据亦合法。”判决书长达386页，涉及大量的事实和证据认定。限于篇幅，本文仅对判决理由简要介绍。

该案在高等法院的索引号是：【2016】EWHC 1169（admin）

原告不服，向上诉法院民事法庭提起上诉。三名法官组成合议庭。经过整整四天的庭审，上诉法院于 2016 年 11 月 30 日作出判决：驳回上诉，维持一审判决。上诉人仍不服，又向最高法院申请再审。2017 年 4 月，最高法院三名法官组成的合议庭驳回再审申请，维持上诉判决。

四、判决理由

议会颁布《条例》，是为了落实《公约》和欧盟法。格林法官在判决中援引了《公约》《TRIPS 协议》《欧洲基本权利宪章》《英国儿童和家庭法》以及司法判例（包括欧盟法院先期裁决和美国 2006 年凯斯勒法官就美国政府诉菲莫公司所作的判决）。

（一）《条例》执行欧盟 2014 指令的合法性问题

议会颁布《条例》的目的非常明确，是为了落实《烟草控制框架公约》和欧盟 2014 年指令。欧盟 2014 年指令扩大了包装上健康警示的面积，并且规定由成员国自行决定是否进一步采取标准化包装。原告指出，欧盟 2014 指令中关于标准化包装的规定本身就不合法。法院为此将该争点即欧盟 2014 指令是否合法的问题专门移交欧盟法院进行先期审理。后欧盟法院予以驳回，裁决欧盟 2014 指令合法。诉讼继续进行。

（二）政府在《条例》制定过程中对烟草公司的证据采信问题

原告提出，《条例》草案征求意见期间，政府对待烟草公司提交的专家证据的方式不合法，没有给予以足够的权重。

一方面，法官指出《公约》明确认定烟草业有意阻碍公共政策制定，因而要求缔约方在制定公共政策上保持对烟草业的警觉；指出美国法院在其诉讼判决中也确认烟草公司对外、对内的两面派说辞。另一方面，法官指出他在本案中对双方当事人所适用的证据规则是一样的，没有对烟草公司提交的证据予以特别对待。全世界的规制者在评估实证证据时，对于专家证据的标准都要求是透明、负责任的，这是审查评估实证证据的最佳实践标准。如何构成透明、负责呢？要看是否经过同行评审、是否可经核实、是否超出专家的专业能力范围、是否只是没有证据支持的假说、是否忽视了现存研究文献、是否与烟草公司内部文件说法一致。根据这些指标，法官认为政府在条例制定过程中对烟草公司证据的采信是公平、合法的。

（三）《条例》是否符合比例原则问题

法官在审查《条例》是否符合比例原则的问题上，考虑到了适当性、必需性、公平平衡性。

（1）烟草公司的商标权是一种消极权利

法官指出，烟草公司的商标权是一种“消极的”权利，这是一种排除、防止他人使用的权利，而不管所有人自己是否以及如何使用商标。“无论是国际法、欧盟法还是国内普通法，在知识产权问题上都不应把商标的实质、商标的功能定义为使用商标去损害公共健康的权利。”即使是《TRIPS 协议》增加了商标的使用权，扩大了商标权实质的内涵我们仍然无法想象商标的“实质”包括着使用这种财产权促进一种致命流行病的权利。法官援引了 WTO 专家组在欧洲共同体对农产品和食品的商标和地理标志的保护裁决后，写道：“这些原则反映了这样一个事实，即《TRIPS 协议》一般不会规定授予利用或使用的积极权利，而是规定赋予消极权利以防止某些行为。”

（2）财产权、贸易权可以因保护公共利益的需要而受到限制

法官认为，知识产权不是一项绝对的权利。之所以创造和保护知识产权，是为了服务于公共目的和公共利益，这也是知识产权的根本现实。因此，知识产权的行使，可以因公共目的和公共利益的需要而受到限制。《TRIPS 协议》《多哈宣言》都承认了公共健康的重要性。2010 年关于实施《公约》的《乌拉圭宣言》把《TRIPS 协议》第 8 条、《多哈宣言》都写了进去：“承认保护公共健康的措施，包括实施世卫组织框架公约及其准则的措施属于主权国家为了公共利益而进行管理的权力，其中包括公共卫生”，并宣布缔约方坚定承诺优先考虑实施旨在控制各自辖区烟草消费的卫生措施。《埃斯特角声明》反映了世界卫生组织《烟草控制框架公约》缔约方的立场，援引判决原文的表述，即“把《TRIPS 协议》和《公约》放在一起看，不存在相互冲突或相互矛盾的风险”。公共健康是举世公认的可以限制知识产权行使的公共目的和公共利益。

法院指出，开展商业活动的权利是《欧洲基本权利宪章》承认的一项权利，但这也绝不是一项绝对的权利，而是一项受到严格限制的权利。各种不同的法律和规制措施，限制了企业享有的自由。税收法、竞争法、环境法、健康和安全法，以数不清的方式限制了交易者的行为自由。企业的经营自由几乎无时无刻不受到不同的公共利益的限制。

（3）取公共健康权舍财产权

法院认为，考虑到吸烟每年导致 10 万英国人死亡。每年有 20 万即每天有 600 名 11 至 15 岁的未成年人开始吸烟。烟草消费对健康造成的特定伤害是不容置疑的，遏制烟草使用成为公共健康领域中的最高问题。

法院提出，天平的一端是公共健康权，天平的另一端是烟草生产商的商标

权和使用这些商标促进烟草消费的其他财产权。《条例》认为健康是根本权利，公共健康居所有公共利益之最高。烟草公司推销财产的权利，其底线利益是“营利”，以牺牲公共利益为代价谋求股东利益。本案所争议的财产权，直接促进一项危害公共利益的贸易活动，这一点也因烟草制品对健康的危害而已经得到所有相关方面的承认。

法院认为，并非所有的权益的价值都具同等价值和意义。保护公共健康是所有公共利益中的最高价值。简言之，救儿童于一生成瘾的危险，救儿童和成年人于早死和患病。公共利益在天平上远重于其他。

(4) 控烟措施的互补性——持科学、发展的立法眼光

“《条例》的总体目标是最大程度减少吸烟促进健康。这也是所有控烟政策的共同目标。《条例》本身的目标不是把吸烟率降到某个比例。控烟要适用一套互相补充、互相增强的教育、诊所、规制、财政、经济、社会的综合策略，从而减少吸烟率和烟草使用。”每项政策和措施可以有自己的目的，许多控烟政策都具有同样的目的例如减少二手烟，也有控烟政策是为了解决、减少或消除一项的特别的问题或威胁。法院指出，并非每个措施都会直接起到降低吸烟率的作用，各个措施互相增强促进控烟作用，很难对其中一项措施对吸烟率的贡献做出评估。例如，禁止烟草营销和降低烟草的可负担性，是国际公认的六种有效综合控烟措施。前者需要禁止烟草广告，后者需要提高烟草消费税，两者都有帮助、鼓励戒烟的共同目标，但其具体目标是不同的。控烟以科学证据为依据，要有发展眼光，不能静止不动。

(5) 预先防范原则、司法审查与政府的自由裁量权

法院审查政府控制措施的合法性，不可避免地涉及立法、行政、司法各部门间的关系。立法和行政部门的立法职责，法院既要审查，又要给予一定程度的尊重。

法院指出给予政府‘自由裁量度’的重要性，并认为在‘科学知识状况存在不确定性’的情况下，特别是在公共卫生领域，应该‘扩大’政府的自由裁量度。一个复杂的经济、社会或科学评估，也属于政府自由裁量的范围。在政治、经济或社会选择的范围内，特别是在需要进行复杂评估的情况下，政府行使自由裁量权，法院可以放慢干预的速度。

法院还援引了“预先防范原则”，即如果公共利益涉及保护公众免受伤害，决策者可以有理由立即采取行动，而不是等待进一步的信息。法院认为预先防范防原则也扩大了自由裁量度。《条例》在实践中起作用和影响的方式存在不确定性，但总体上，根据现有的证据显示，《条例》能够挽救和改善众多

的年轻生命，要实现这种社会收益需要现在而不是后来采取该项措施。在这种情况下，政府“不仅在选择适当的措施上，而且在决定对有关公共利益的保护水平上”都具备自由裁量度。

（6）标准化包装对商标的限制是控制而不是征用

法院认为，《条例》是对财产使用的控制，而不是对财产的征用。《公约》为了最大限度地把品牌和广告的吸引力从烟草制品及其包装上剥离掉，确实极大程度地限制了生产商在广告和品牌营销上的能力。但是，所限制的方式既没有禁止销售烟草制品，仍然允许在批发环节促销，也没有使不同品牌的烟草制品无法区分。生产商仍然可以把商标名牌名称、规格名称、生产商名称印在包装上，这种方式使他们仍然可以与消费者交流，与竞争者相区别。

法院指出，“区分一项措施是征用还是控制，有两个最重要的标准：①该措施是否追求合法目标，②所有权是否转移给国家。如果这项措施的目的合法，而且所有权不转移给国家，那么这项措施总是被归类为使用控制而不是征用。”

（7）即使只是限制使用也有予以补偿的情况，但本案不属于可补偿情况

法院认为，标准化包装只是对原告财产权的限制，而不构成征用，因而不予以补偿。又进一步推理，即使构成征用，也属于特殊情况，政府无需支付补偿。最后指出，其实，即使是限制也有予以补偿的情况，但是，本案的限制也不属于可补偿的情况。

在“限制使用”的情况下，予以补偿的标准是“公平平衡”。本案中，原告因其丧失了促进一项国际公认为有害健康并导致“流行病”的产品的能力，而要求得到补偿。这不同于法院以往曾裁决补偿的任何案件。本案中的财产权与之前已决案件中的财产权截然相反，它直接促进了有损于公众利益的贸易，并且这种损害因为其产品对健康造成的损害，而得到所有有关方面的承认。法院指出，原告找不出哪怕一个这样的案件，即以追求公共罪恶为目标的私营活动在受到限制或控制后却获得了补偿。因此，要求烟草公司停止使用某项财产权促进流行病蔓延，并且对此不予以补偿是“公平的”。法院驳回了本案原告的索偿要求。

法官指出，任何旨在促进公众利益的规制措施都具有一个相同的特征，即会为被规制者增加负担和成本。公共政策和政治思维中不断发展的。任何个人或公司都不能期望，如果其生产、供应的产品是违反公共利益的，或者因科学认识的改变而变成违背公共利益的，它仍有权继续生产、销售该产品，或者如果国家开始规制或削减该产品它就有资格获得补偿。原告多年来一直很清楚，

根据国际法，各国有义务禁止烟草营销，这必然会严重限制商标使用。法律充斥着引入不受欢迎的规制监管的例子，这些规制监管给交易者同样带来不受欢迎的成本和负担。石棉的使用在建筑施工中曾司空见惯，但现在则因其危险而被禁止使用，石棉制造商没有因为停产获得补偿。

五、结语

四十年前的英国，两个成年男性中有一个人吸烟，四十年后的今天已降到五个里才有一个。为了降低吸烟率，减少本可预防的患病和死亡风险，提高国民健康水平，英国政府采取了一系列的措施。2011 年澳大利亚开始制定《烟草全警示简易包装法》时，英国就把本国的《烟草全警示简易包装法》列入日程。当烟草公司四处起诉澳大利亚政府，从国内起诉到国际，理由从违反宪法到违反双边条约再到违反 WTO 协议的时候，有些国家开始持观望态度，想等澳大利亚的国际诉讼尘埃落定后再行决策，但英国没有等待。英国政府没有被烟草巨头吓倒，而是通过了法律，颁布了条例，一路三审打赢了官司，实施了标准化包装，堵住了烟草公司利用包装做广告的路。

（**作者**　中国政法大学卫生法研究中心　于秀艳
责任编辑　杨　奕）

《人民法院案例选》通讯编辑

北京市高级人民法院　刘书星　刘晓虹　赵　彤
天津市高级人民法院　王　婧　孙　伟
河北省高级人民法院　王　佳
山西省高级人民法院　马云跃
内蒙古自治区高级人民法院　梁　宏　焦日清
辽宁省高级人民法院　周文政
吉林省高级人民法院　刘国春　刘洪颖
黑龙江省高级人民法院　刘芳百
上海市高级人民法院　牛晨光
江苏省高级人民法院　吕　娜　孙烁犇
浙江省高级人民法院　杨　治
安徽省高级人民法院　吴　婧
福建省高级人民法院　刘　光
江西省高级人民法院　郭　嘉
山东省高级人民法院　徐清霜　芦　强
河南省高级人民法院　郭宇凌
湖北省高级人民法院　宋淼军
湖南省高级人民法院　童飞霜
广东省高级人民法院　文靖之
广西壮族自治区高级人民法院　赵元松
海南省高级人民法院　李周伟
重庆市高级人民法院　游中川　吴雨亭
四川省高级人民法院　杜玉兰　金　晶

贵州省高级人民法院　尤　媛
云南省高级人民法院　郑天柱
西藏自治区高级人民法院　杨庭轶
陕西省高级人民法院　常媛媛　杨新斌
甘肃省高级人民法院　刘吉旭
青海省高级人民法院　孙启英
宁夏回族自治区高级人民法院　吴培渊　杨　莹
新疆维吾尔自治区高级人民法院　马小菊
解放军军事法院　徐占峰
新疆维吾尔自治区高级人民法院生产建设兵团分院　王　琼
石家庄市中级人民法院　王红岩
太原市中级人民法院　张玉森
沈阳市中级人民法院　田　震
大连市中级人民法院　侯德强
长春市中级人民法院　赵　璐
哈尔滨市中级人民法院　周　磊
南京市中级人民法院　王　静
南通市中级人民法院　沈　扬
无锡市中级人民法院　周耀明
徐州市中级人民法院　葛　文
杭州市中级人民法院　邓兴广
宁波市中级人民法院　袁玮玮
合肥市中级人民法院　张小春
福州市中级人民法院　陈学凯
厦门市中级人民法院　陈荣炜
南昌市中级人民法院　陈　健
济南市中级人民法院　赵　雯
青岛市中级人民法院　傅庆涛
东营市中级人民法院　延　颜
郑州市中级人民法院　朱世鹏
武汉市中级人民法院　柯昌洁
宜昌市中级人民法院　黄金波
长沙市中级人民法院　胡冬华

广州市中级人民法院　王龙飞　林健涛
深圳市中级人民法院　丁业强
南宁市中级人民法院　周传明
海口市中级人民法院　崔玉坤
成都市中级人民法院　郝廷婷
泸州市中级人民法院　胡　艳
贵阳市中级人民法院　施辉法
昆明市中级人民法院　冯丽萍
拉萨市中级人民法院　王　静
西安市中级人民法院　高　伟
兰州市中级人民法院　鲁千晓
西宁市中级人民法院　潘　伟
银川市中级人民法院　周志胜
天津海事法院　董丽娟
上海海事法院　英振坤
广州海事法院　付俊洋
宁波海事法院　史红萍
青岛海事法院　张　静
厦门海事法院　吴海燕
武汉海事法院　王建新
大连海事法院　刘铁男
北海海事法院　邱德平
海口海事法院　刘本荣

（各法院通讯编辑若有变动，请及时告知中国应用法学研究所，电话：010－67555922　次晓宇　邮箱：rmfyalx@126. com）